CollegeBooks

生活經濟學

作　　　者──蔡宏昭

責 任 編 輯──彭春美

發 行 人──王榮文

出 版 發 行──遠流出版事業股份有限公司

　　　　　　臺北市 100 南昌路 2 段 81 號 6 樓

　　　　　　郵撥／0189456-1

　　　　　　電話／2392-6899　　傳眞／2392-6658

香 港 發 行──遠流（香港）出版公司

　　　　　　香港北角英皇道310號雲華大廈4樓505室

　　　　　　電話／2508-9048　傳眞／2503-3258

　　　　　　香港售價／港幣100元

著作權顧問──蕭雄淋律師

法 律 顧 問──王秀哲律師・董安丹律師

排　　　版──天翼電腦排版股份有限公司

1991 年 2 月 16 日　初版一刷

2005 年 9 月 30 日　初版 10 刷

行政院新聞局局版臺業字第1295號

售價新台幣 295 元　（缺頁或破損的書，請寄回更換）

版權所有・翻印必究　（Printed in Taiwan）

ISBN　957-32-1090-8

YL*ib* 遠流博識網

http://www.ylib.com.tw　　E-mail:ylib@yuanliou.ylib.com

CollegeBooks

蔡宏昭 / 著

生活經濟學

自 序

　　初學經濟學的人大都會感到納悶和害怕，因爲個體經濟是以企業爲主體，探討成本、價格與市場關係，而總體經濟是以政府爲主體，探討國民所得、財政金融與國際貿易等政策，兩者與個人和家庭的生活似乎沒有直接關係，所以就懷疑，學了經濟學到底有什麼用處；另一方面，經濟學有許多計量的方法，對於數學不佳的人而言，的確是一種威脅。因此，除了應付考試之外，一般人鮮少會主動翻閱經濟學的書籍。

　　事實上，經濟學是從人類生活中歸納出來的經濟法則，與生活息息相關，而推理模型和計量方法只不過是幫助我們更深入去了解經濟現象及其相關性的技術而已，其目的是在發掘新的經濟法則。對於初學者而言，只要能夠了解經濟法則的基本原理，然後應用到日常生活中，就會有足夠的收穫。

　　經濟學是極富邏輯思考的學科，有了經濟學的觀念之後，在處理生活問題上，自然知道爲何做（why）、如何做（how）與爲誰做（for whom），凡事依理行事，這就是理性（rationality）。

　　傳統經濟學沒有特別強調個人和家庭生活的重要性，所以就沒有建立以個人和家庭爲主體的理論體系，這的確是一項缺失。經濟社會的進化已將個人和家庭的生活帶入一個十分複雜的境界，必須借用經濟理念才能因應，所以以個人和家庭爲主體的生

活經濟學實有建立的必要。

　　生活經濟學基本上是以家庭的經濟行為為研究的對象，除了家庭內的收支理論之外，也涉及家計與企業之間的勞動報酬與商品價格、家計與金融機構之間的儲蓄、投資與利率以及家計與政府之間的生活保護、消費者保護與經濟犯罪對策等，這些內涵就構成了生活經濟學的基本架構。

　　專家學者或許會批評生活經濟學是畫蛇添足或雕蟲小技，而不予重視，但是，對初學者而言，可能是踏入經濟學之門的最佳跳板，尤其對於沒有經濟學背景的家庭主婦而言，或許是提升家計管理（household management）效率的良好指南。

　　為了讓一般的初學者易於了解，本書儘量避免採用教科書的語體和編排，也儘量避免數學的推理，代之以圖表說明，書中的公式解析，則以高中的數學程度為基礎，絕無深奧的數學作業。因此，本書是一般社會大眾均可接納的入門書籍。

　　這是一本開創性的書籍，也是一本爭議性的書籍。這本書如果能夠獲得讀者共鳴，生活經濟學就能夠在我們的社會裡生根、茁壯；如果不能獲得讀者共鳴，經濟理念就難以在我們的生活中被接受、被運用。讀者的反應不僅決定了這本書的價值，也決定了生活經濟學的發展前途。

　　這本書是在一九九○年的暑期裡完成，正是伊拉克併吞科威特而爆發中東危機之時，筆者尤感理性主義的重要。在人類的生活中，我們不要只重視表面的數目字，也要重視前因後果；不要只重視貨幣性效益，也要重視非貨幣性價值；不要只重視個人利

益，也要重視社會公益；不要只重視單一國家的立場，也要重視
全人類的立場。如果人人都以瘋狂的態度追求權力與財富，甚至
不惜以不合法和不道德的手段加以掠奪，那麼，不僅個人會受到
傷害，社會也會受到傷害，全人類都會受到傷害。

　　如果我們的家庭生活能夠導入經濟法則，如果我們的社會生
活能夠基於理性的規範，生活在這個社會的人們將能夠享有均衡
之美的生活文明。生活經濟學就是理性的生活規範，擁有這些觀
念，可使個人行為、家庭生活和社會秩序益趨合理、有效與和諧。

　　我要感謝所有閱讀這本書的讀者，是您們的耐心肯定了這本
書，是您們的批評導正了我的思維，我深深感謝。

　　　　　　　　　　　　　　　　蔡宏昭謹識
　　　　　　　　　　　　　　　　一九九〇年九月

目錄

第 1 章

生活經濟學導論

第一節 生活經濟的類型與變遷

壹、原始社會的生活經濟

　　生活經濟的根源是由原始的部落產生，這是自然產生的最原始的人類集團，這個集團既非透過婚姻關係而組成的大家族，也不是以一夫一妻制爲基礎的小家庭，而是獨立的個人在自然的環境下，聚合在一起的人類組織，完全是個人關係（personal relations）的結合體。這個結合體的個人從經驗得知，彼此分工合作可以提高生產的數量，更可滿足生活的需求，於是，便以共同生活的方式，從事生產與消費，這就是生活經濟的起源。

　　原始部落是一個共同的生活體，各人依其所能從事生產，例如，壯年人從事狩獵、婦女從事採集、老人照顧幼兒。部落成員根據年齡和性別，合理的組合成高效率的生產組織；另一方面，則透過公平的分配，滿足個人的消費生活。如果生產數量足以滿足成員的消費生活，部落組織就可以存續，可是，生產組織往往受到自然的約束和勞動人口的減少，而減少生產數量；另一方面，則因消費人口的增加，而增加消費負擔，於是，就產生了供不應求的現象，部落的存續就會面臨極大的危機。在缺乏血緣或婚姻關係的原始部落裡，爲了部落的存續，往往會將老人、嬰兒、殘障者等不事生產的消費者拋棄山野，讓其自己滅亡；另一方面，則自其他部落中抓取壯丁，強迫生產。

　　或許是因為分配物的減少，而使個人感受到有效處理分配物的重要；或許是因為分配物的增加，而使個人感受到擴大消費生活的必要，部落成員開始尋求可以提高生活效率的伴侶，組成家庭（family），並尋找居住處所，繁衍子孫，於是，建立了以婚姻關係為基礎的家庭制度。家庭制度的產生，並不影響部落的機能，部落的生產組織依然存在，共同作業依然進行，但是，消費組織卻由個人擴大到家庭，每個家庭均有其獨立的消費生活。就整個部落的生活經濟來說，部落酋長依然掌握分工（division）和分配（distribution）的權力，如圖1-1所示，在生產組織中，透過家庭的分工從事生產，並透過酋長的公平分配，從事家庭消費。家長們清楚，唯有服從酋長的分工與分配以及部落的規律，才能保障自己家庭的安全，就像家庭成員必須服從家長的分工與分配，才能保障自己的安全一樣。如果有家長不滿意酋長的權力和部落的規律，就會遷移出這個部落。因此，在同一個部落中，大都是志

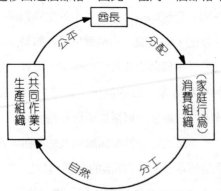

圖1-1：原始社會的經濟生活

同道合的家庭，同時，藉由婚姻關係，使家庭關係變成姻親關係，終使部落成為一個大家族，而大家族的經濟生活仍是維持自給自足的閉鎖性經濟。

在各自的家庭裡，家長必須從事生活材料的儲存、生活用品的製造、食品的料理、子女的養育等工作，這種家事勞動的範圍逐漸擴大，終使家庭具有了生產的機能，於是，基於男女勞動的適性，丈夫便從事住屋的整修、重要生活用品的製造等工作，而妻子則從事料理、洗衣、子女的照顧等工作。因此，在家事勞動上，夫妻採取共同作業；在家庭財產上，夫妻採取共有制度；在家庭生活上，家庭成員採取共同消費。在共有制度下，家庭成員都能維持均衡，家庭生活都能維持秩序，家庭機能都能充分發揮，於是，在大家族的經濟體制內，也形成了小型的家庭經濟體制。

家庭經濟運作的結果，逐漸有了規範，這就是家庭管理的起源，也就是「家政」（oikos nomos=oikonomics）的語源。不過，原始社會的家庭經濟，除了生產、消費和儲蓄之外，還涵蓋食品的製造、子女的養育等非經濟性的技術，範圍很大，所以與家政具有相同意義。家庭經濟除了對內關係外，還有對外關係，例如，對其他家庭的關係與對大家族的關係。家庭的對內關係和對外關係日趨複雜的結果，就逐漸形成了以家庭為中心的生活經濟體制。在這個體制下，家庭成員間、家庭與家庭間、家庭與大家族間，就逐漸有了共同的生活規範，這就是生活經濟的規範。由此分析可知，生活經濟在原始社會裡已經形成。

貳、封建社會的生活經濟

　　大家族與大家族之間，或許因為爭奪生產資源而發生戰爭，或許因為進行人的交流而產生婚姻關係，於是，因戰爭而強行併吞或因聯婚而自然合併，使大家族不斷擴張，終於形成了國家（state）的權力組織。封建領主成了國家的支配者，並強行控制生產組織與消費組織。領主為了增強自己的政治與經濟權力，必然會極力擴大生產，並強行分配給自己更多的生產物，於是，就必須限制各家庭的消費，同時，為使國民順從其旨意，增進生產，節約消費，而倡導「君權神授」的絕對王權論。

　　在封建社會下，生產制度和消費制度都有了極大的改變。在生產制度方面，領主為了鼓勵生產和加強對生產的控制，而採取土地部份私有化制度，也就是將土地分為公田和私田，前者是由農業共同體共同生產，生產物歸國家；後者是由各個家庭擁有和生產，生產物歸家庭。土地私有化的結果，提高了家庭經濟的獨立性，減弱了共同生產的關係，家庭與土地成了不可分離的關係。在消費制度方面，領主為了鼓勵節約和加強對消費的控制，而推行階級（guild）制度，在職業上區分為士、農、工、商等階級；在個人關係上區分為君、臣、父、子等階級；在兩性關係上嚴格規定男主外女主內以及不同的社會地位，於是，根據不同的階級或身份，而有不同的分配。除領主之外，士大夫分配最多，農民次之，從事工商者最少；在家庭內則由男性擔任家長，由其控制家庭財產和財物的分配。

　　封建領主把封建社會的生產組織和消費組織完全隔離，一般
國民只是依從領主的強制分工從事生產，並從私有土地的生產中
獲取生產物，根本不知道自己為什麼要從事這種生產？為什麼自
己不能分配到更多的生產物？封建領主僱用了眾多的公吏，控制
整個國家的生產組織與消費組織，並為其剝削更多的財物。家庭
與家庭之間的**依存關係**（dependence relations）逐漸喪失，代之而起
的是家庭與國家之間的關係。家庭有義務在公有土地中從事生
產，也有權利接受國家所給予的私有土地；國家有義務保衛其國
民，也有權利要求國民遵守國家所訂定的律法。因此，就嚴格的
意義來說，封建社會的生活經濟是建立在家庭與國家的權利義務
關係上。（圖 1-2）

　　封建社會的家庭經濟完全依存於國家制度（＝領主意思）的優

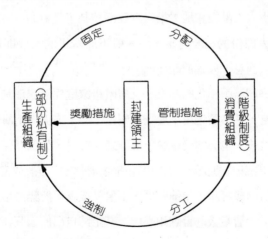

圖 1-2：封建社會的生活經濟

劣，如果制度良好，國民負擔較輕，家庭經濟就比較富裕，否則，家庭經濟就會陷入困境。在階級制度下，上層階級不僅可以擁有較多的權力，也能分配到較多的財富，但是，上層階級的權力和財富是來自領主的授權，所以必須向領主忠誠，取悅領主，而一般下層階級則必須順從上層階級，討好他們，以維護自己的生活。在階級制度下，權力等於財富，爲了擁有財富，必須爭取權力；爲了取得權力，必須向權力核心靠攏。另一方面，在家庭內家長擁有一切的權力和財富，可以依其個人意思控制家庭成員的生活，可是，有些家長因管理能力較差，或因家人遭受意外事件，而不得不變賣私田，而受僱於上層階級的家庭。相反地，有些家長因善於管理，而有能力購買更多的私田，並僱用其他人代其耕種，逐漸成爲新興的地主階級。私有制度和階級制度自然發展的結果，士大夫階級和地主階級就逐漸控制了社會的生活經濟，也剝削了大部份的社會財富，而一般下層階級的家庭則是日出而作，日入而息，只圖溫飽而已。

　　家庭經濟兩極化的結果，上層階級家庭爲了處理其龐大的土地和財富，就必須僱用下層階級幫忙；另一方面，下層階級在失去私田之後，也必須受僱於上層階級，於是，僱傭關係便逐漸形成。下層階級提供勞務，上層階級提供財物，雙方形成密切關係，一旦上層階級解除了僱傭關係，下層階級就可能無法維生，所以必須順從上層階級的旨意和家規，甚至將自己的家庭經濟完全依附於上層階級。

　　上層階級的勢力不斷擴張的結果，開始與封建領主的利益發

生衝突，於是，便開始對君權神授的封建思想展開攻擊。有人主張以「**社會契約**」（social contract）的精神，重新分配社會的權力和財富（J. J. Rouseau, 1762）；有人則主張由「**神的看不見的手**」（invisible hand of God），操縱人類的生活經濟，並要求封建領主採取**自由放任政策**（laissez-faire, Adam Smith, 1776），於是，封建社會終於走向瓦解的命運。

參、近代社會的生活經濟

貨幣制度的成立和**產業革命**（industrial revolution, 1760～1830）的成功，是造成近代社會生活經濟的兩個主因。貨幣制度將財物和勞務的價格貨幣化，並透過貨幣的媒介，達成交易關係，然後，再藉由交易關係，達成供給和需求（supply and demand）的均衡；另一方面，產業革命則將上層階級和下層階級的僱傭關係轉變成資本家和勞動階級的勞僱關係，並透過貨幣制度，建立了勞力市場和商品市場。在勞力市場中，勞動者提供勞務，資本家提供貨幣（勞動報酬）；在商品市場中，資本家提供商品，勞動者提供貨幣（商品價格），於是，**市場經濟**（market economy）的雛型便告形成。（圖 1-3）

近代社會市場經濟的第一個特徵，是封建勢力的瓦解與**警察國家**（police state）的成立。機器的發明增加了生產物的數量和商品的種類，機器的擁有者因而獲得了大量的資本，逐漸形成了資本家（capitalist）階級。資本家為了創造更多的利潤，便會在勞力市場上剝削勞動報酬，在商品市場上抬高商品價格，於是，引發

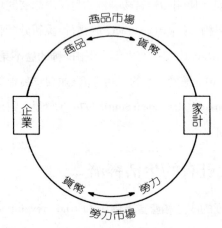

圖 1-3：近代社會的生活經濟

了勞動者和消費者的反抗，而使其資產的安全受到威脅，必須依靠公權力的保護，但是，資本家所希望的公權力，只限定在軍事、司法、警察和公共事業，因為軍事可以保護資本家免受外國的侵略；司法可以保護資本家追求利潤的合法性；警察可以保護資本家免受勞動者、消費者或社會暴民的侵擾；公共事業則可協助資本家的生產活動。因此，資本家所期望的政治體制，不是無政府主義，也不是萬能政府，而是能夠保護其利益的警察國家。

　　市場經濟的第二個特徵是公有財產的廢除與自由競爭的原理。公有財產制度阻礙了資源的有效利用與產業的自由發展，當為資本家所反對。他們希望以市民法的原理和自由契約的方式，無限擴張其私有財富，並受合法的保障。他們認為，財產私有化的結果，會提高人們的生產意願，以創造更多的私人財富，而私人財富增加的結果，會促進社會公益，所以私欲即公益（private vices, public benefits)；私人財富就是國家財富 (the wealth of nations)。他們也認為，追求財富的方法，必須透過自由競爭的市場原理，在沒有任何特權和公權力的干預下，達成公平的交易與市場的均衡。

市場經濟的第三個特質是階級制度的變質與家計制度的確立。資本家以貨幣打敗了封建勢力與地主階級，並以貨幣控制了勞動報酬與商品價格，於是，貨幣就成為評定個人權力和社會地位的依據。擁有熟練技術的藍領階級不僅獲得了較高的勞動報酬，也取得了較高的社會地位，而商人在商品交易中，也獲得了較高的利潤，所以社會地位也逐漸提升。總之，在資本主義制度下，封建社會的階級制度已有了巨大的變質，農民的社會地位已淪落為最低階級，市場經濟將家庭和企業結合成一個緊密的經濟關係，彼此相互依存。家庭為了獲得更多的勞動報酬，必須提供更多的勞動生產力 (productivity)，於是，家庭就成為培養勞動生產力的場所，不再是單純的生活場所。對家庭而言，如何提供勞力、如何增加收入、如何安排支出、如何增強勞動生產力等問題，都是每一個家庭所要面對的，這些問題都必須計畫性的處理才能有效運作，發揮更大的功能，這就是**家計制度** (household system)的起源。

在近代社會的市場經濟制度下，每一個家計都是競爭的個體，在勞力市場中，必須透過競爭，才能獲得高報酬的工作；在商品市場中，也必須運用技巧，才能獲得物美價廉的商品。在家計制度下，每一個家庭成員也是競爭的個體，夫妻間常為分配財

物而爭執；子女間，則常爲爭取家庭財物而衝突。因此，近代社會的生活經濟是建立在**個人主義** (individualism) 和**功利主義** (utilitarianism) 的基礎上。原始社會的共同主義和封建社會的階級主義已不復存在，每一個人都在一個自由的社會裡，追求自己的理想。

肆、現代社會的生活經濟

市場經濟不斷擴大的結果，造成了政府規模的擴張和金融機構的普及。由於經濟和社會事務的日趨複雜，行政體系日益龐大；由於生產活動日趨繁榮，公共事業日益膨脹；由於與外國的利害關係日趨緊張，軍備擴張的呼聲日益高漲，於是，政府的規模和權力就不斷擴張。另一方面，由於資本需求日趨殷切，家計儲蓄不斷增加，而使金融機構呈現普及化和多樣化。因此，現代社會的生活經濟主體就由企業和家計擴大到政府和金融機構。企業與政府之間，存有租稅與財政融資的關係；企業與金融機構之間，存有投資與利息的關係；家計與政府之間，存有租稅與生活保護的關係；家計與金融機構之間，則存有儲蓄與利息的關係。企業、家計、政府和金融機構之間的複雜關係，就構成了現代社會生活經濟的巨大體系，其中，家計與企業、政府和金融機構之間的關係，就是以家庭經濟爲重心的生活經濟體系。(圖 1-4)

在現代社會中，政府是生活經濟中最重要的支柱。政府不僅對企業提供了財政融資及各種獎勵措施，對家計提供生活保護及各種社會福利措施，對商品市場、勞力市場和金融市場，也都進行直接的干預。在商品市場中，政府是以「公平交易法」、「反獨

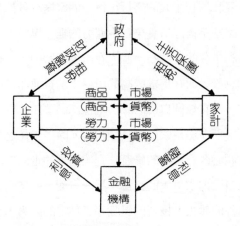

圖 1-4：現代社會的生活經濟

佔和寡佔法」及「消費者保護法」，禁止不公平的交易，保障消費者的權益，以維護市場機能的正常運作。在勞力市場中，政府是以「勞動基準法」、「最低工資法」、「工會法」、「勞資爭議法」及其他勞資關係法，禁止資本家的不當剝削，保障勞動者的權益，以促進勞資和諧和經濟成長。在金融市場中，政府是以金融制度自由化的政策，開放金融市場，允許經營自由化和利率自由化，以提升金融服務品質，達成均衡利率水準。因此，操縱現代生活經濟的手，已由神的手中交給了政府，成為「**政府的看得見的手**」 (visiable hand of the government)。雖然許多自由經濟主義者試圖反抗政府的巨掌，但是，在經濟社會尚未發生巨大變動之前，他們的努力似乎有待時間的考驗。

　　市場經濟高度發達的結果，使傳統的家計機能不再能充分發揮，家事勞動和休閒生活逐漸被家庭外的市場經濟所吸引。此外，

由於個人主義和功利主義的盛行，每一個家庭成員都有其自己的活動空間，家庭不再是培養勞動生產力的唯一場所。甚至家庭已成為追求功利主義的絆腳石。個人在市場經濟中，勞動並非為了追求工作的意義，而在追求較高的所得；消費並非為了滿足本身的生活需求，而在炫耀自己的身份地位；儲蓄並非為了因應未來的生活需要，而在滿足眼前的高額利益。除了工作之外，每一個人幾乎都在關心政府法令的修訂、企業活動的走向、金融情勢的變化，以利自己追求更大的利益。另一方面，就業的不穩、物價的膨脹、意外的頻生、投資的風險等不穩定的因素，卻隨著市場經濟的發達而越加橫行，導致個人對自己的生活越感不安，而越需要冒更大的風險去追求更多的利益。現代人似乎都在追求財富也在毀滅財富，追求健康也在毀滅健康，追求婚姻也在毀滅婚姻，追求幸福也在毀滅幸福，似乎永遠都在追求自己所想毀滅的東西，都在毀滅自己已經獲得的東西。越來越多的人們對自己的生活感到茫然、矛盾和無力，似乎只是為了生活而生活，只是為了經濟的利益而去面對每日的經濟生活。

目前，人類的生活經濟似乎面臨一個轉型的局面，如果人類不再認真地去思考生活經濟的原點，我們將永遠處在這個迷惘的時代。當然，我們無法也沒有必要再回到原始社會，我們應該追求的或許是一個以個人主義為基礎的均衡社會。在這種均衡社會裡，政府應該透過自由化政策，減少對商品市場、勞力市場和金融市場的干預，並採取生活保護措施，保障國民生活，提升生活水準；企業應該透過公平交易原則，維護均衡的價格制度，並承

擔社會責任，促進地區的發展，提升生活品質；家計應該藉由家庭關係的重整，維護家庭成員的親密關係，並以有效的家計規劃，增加家庭資產，保障家庭生活。

第二節 經濟學的本質與發展

壹、人性本質

■性善與性惡

　　人是萬物的主宰，而人性則是支配人類行為的原動力。在認識生活的本質之前，必先肯定人性的原點，才能肯定行為的價值，進而肯定生活的意義。

　　關於人性的看法，主要有性善說與性惡說兩種。主張性善者認為，人類必須保存善的人性，去除惡的行為，甚至要回歸自然。讀者或許看過「上帝也瘋狂」這部影片，它把文明世界形容為虛偽、暴力、不平與殘酷。最後，主角把代表文明的可口可樂瓶丟棄，再度回到原始的部落裡，去享受人類原有的真實、互愛、和平與美感。

　　至於主張性惡者，則認為人類具有無知、貪婪、破壞、墮落和好戰的劣根性，必須靠著外在的教育和內在的修養去克服。人類必須不斷地征服自然、改善環境、提升自己，以追求更高的生活享受。

　　事實上，人類出生之時，除了具有一些先天性的本能之外，並沒有思考和行為的能力，而本能本身並無善惡之分。善惡是根據思考和行為的過程和結果加以認定，而且通常是由他人加以評斷。因此，人性並不具善惡的成份，應該屬於**無性**(pure humanity)。

人類最初會利用先天性的本能去認知，然後，根據認知的結果去建立價值法則（value rule），最後，基於價值法則從事行為。這種認知的過程與結果（cognition process and result）決定了一個人的特性（speciality），每個人就是按照自己的特性生活著。在同一個社會裡，由於生活環境的接近和行為相互影響的結果，產生了共通性（commonness）。這些共通性就逐漸形成了**社會規範**（social norm）。

■**物質與精神**

人類具有先天性的需求，有些是飲食、動作和休息等**生理性需求**（physiological needs）；有些是思考、愛與恨等**心理性需求**（psychological needs）。人類經過認知之後，發現有許多東西可以滿足人類的需求，於是，產生了後天性的需求。這種需求包括對金錢或財物的**物質性需求**（material needs）以及對文化、藝術、旅遊等的**精神性需求**（spiritual needs）。這些先天性和後天性的需求就構成了人類的欲望（desires）。

人類是為滿足欲望而存在的，甚至以欲望的滿足程度，作為衡量幸福的依據。當物質還十分缺乏的時候，人們比較重視物質欲望的滿足，可是，當物質水準逐漸提高時，人們就開始重視精神需求。因此，生活的本質是以物質為基礎，再逐漸擴及精神層面，沒有充分的物質生活，精神生活的充實是不可能的。問題是，在物質生活高度發展之後，精神生活是否能夠達到理想的境界呢？這就有待商榷了，因為人類在追求物質需求的過程中，不知不覺地將精神需求給遺忘了，尤其是人與人之間的愛心，卻在激

烈的競爭中給抹殺了。高度的物質生活往往造就了貧困的精神生活。

人類經過了長期的奮鬥，終於奠定了安定的物質生活，今後必須重視生活需求的重分配，也就是說，要在欲望的滿足中，增加精神需求的比重，至少應該維持一定比率的物質需求與精神需求。人類的欲望是無限的，物質與精神的需求也是無限的。我們不必犧牲物質，去追求精神，但是，決不可犧牲精神，去追求物質。我們必須同時追求物質與精神的最大滿足，並在滿足的生活中，創造更高的生活文明。

■理性與感性

由於地球上的物質並非無限，當個人在追求物質需求時，往往會與他人發生衝突。解決衝突的方法，在原始社會裡，是以武力作為依據，可是，在現代社會裡，則以公平競爭的方式去獲取物質需求，也就是要根據社會規範參與競爭，取得合理的報酬。個人在運用才能和選擇行為方式的時候，必須根據社會規範的價值法則加以調適，才能獲得較高的欲望滿足。譬如說，社會規範告訴我們，較高的教育水準會獲得更多的工作機會和報酬，我們就必須盡力追求更高的教育。這種運用社會規範從事選擇和行為的方式就是**理性**（rationality）。理性與由不知所以然的情緒作用所產生的**感性**（sentimentality）是截然不同的。理性可以讓我們生活得更有效率，感性則只會讓我們獲得短暫的美感而已。

在追求精神需求時，更應該以理性的態度去面對。就拿欣賞音樂的例子來說吧，如果能先了解作曲家的生涯和歌曲的背景再

去欣賞，必能知道歌曲的真正價值，也能獲得精神需求的最大滿足。如果以茫然無知的心態去面對韻律，即使能夠引發短暫的激動，未必能夠獲得真正的好處。

或許有人會說，理性會破壞美感，那是因為將美感解釋成「情緒的自然流露」所導致的結論。事實上，美感是十分深奧而且嚴肅的，非以理性去探究，是無法充分領悟的。美不僅具有自然性，也具有人為性；不僅具有神秘性，也具有創造性。如果單以情緒的作用去認知，只會產生無知的美感。

身為一個現代人，我們不必追究人從哪裡來，也不必顧慮人往哪裡去。最重要的，是要在這短暫的人生裡，以理性去追求幸福生活。雖然人生而感性，但是，教育水準的提升和資訊科學的發達，將使我們逐漸擺脫感性的束縛，一步步地邁向理性生活。

貳、經濟學的定義

從本質上說，人類的欲望有滿足生理或物質需求的欲望和滿足心理或精神需求的欲望，在經濟學上，將前者稱為**經濟欲望** (economic desires)，而把後者稱為**非經濟欲望** (noneconomic desires)。由於非經濟欲望難以量化 (qantifization)，經濟學通常都不加以分析。

經濟欲望所追求的財物 (goods)，有無須付出代價即可獲得的**自由財** (free goods) 以及必須付出代價才能獲得的**經濟財** (economic goods)。有些經濟財是用來消費的，稱之為**消費財** (consumption goods)，有些經濟財是用來生產的，稱之為**生產財** (production goods)。同一種財物可以是自由財，例如，河川的水；也可以是經濟財，例如，自來水。同一種財物可以用作消費財，例如水可供人飲用；也可以用作生產財，例如，水可供發電。經濟學所處理的財物，是以經濟財爲主，這就是經濟學上的**物質主義定義**（materialist definition）。

如果地球上的財物都是自由財，就不會產生經濟問題。可是，自由財卻是少之又少，大部份的財物都是經濟財，而且都具有**稀少性**（scarcity）。人們必須運用有效的手段，方能取得這些財物，這種手段叫做經濟行爲（economic behavior）。經濟行爲通常是以最少的犧牲，去獲取最大的利益，這種法則就是**經濟法則**（economic law）。這種以財物的稀少性爲前提而引發的種種經濟行爲，就是經濟學上的**稀少性定義**（scarcity definition）。

除了個人之外，家庭、企業和政府都具有經濟行爲的能力，都屬於**經濟主體**（economic object）。每個經濟主體的經濟行爲結合起來，就是**經濟現象**（economic phenominon）。在各種經濟現象的衝擊和調適之後，就會逐漸形成**經濟秩序**（economic order）。經濟秩序一旦形成，就會約束各種經濟主體的經濟行爲。

因此，經濟學的定義可以解釋爲以物質的稀少性爲前提，在一定的經濟秩序下，經濟主體選擇經濟行爲的經濟法則。有些經濟法則是不分地區、民族和時代均可適用的，稱之爲**普遍法則**（general rule）；有些經濟法則是因地區、民族和時代的不同而有異的，叫做**歷史法則**（historical rule）。當我們在選擇經濟行爲之時，必須先確定經濟法則的適用性，才能使自己的經濟行爲發揮

預期的效果。

參、經濟學的發展

　　產業革命之後，**絕對國家主義**（absolute nationalism）對個人行為和企業活動，仍有很大的牽制，於是，暴發了市民革命和自由貿易運動。針對這種時代潮流，亞當史密斯（Adam Smith）於一七七六年出版《國富論》（*The Wealth of Nations*），鼓吹自由經濟的思想。他認為，唯有在自由放任（laissez-fair）的制度下，個人才能和企業生產才能充分發揮，國家財富才能增加。在一隻看不見的手（an invisible hand）的操縱下，市場均衡自可達成，合理的價格和產量自可決定。亞當史密斯所標榜的市場經濟（market economy）就成為經濟理論的基礎，後人便稱他為經濟學的始祖，並稱其經濟理論為古典學派。

　　市場經濟促進了經濟成長，卻造成了嚴重的社會問題。馬克斯（Karl Marx）首先否定古典學派的勞動價值說，主張以階級鬥爭的方式取得政權，將資本主義的生產與分配關係，轉變成社會主義的生產與分配關係。另一方面，馬歇爾（Alfred Marshall）等新古典學派則以資本主義的立場，主張以生活保障和所得重分配的方法，彌補資本主義的缺失，這就是**新資本主義**（Neo-capitalism）。

　　一九三〇年代的**經濟大恐慌**（the great depression）使資本主義國家遭受嚴重的失業與不景氣，而新古典學派主張降低生產成本，提高商品價格的對策，卻無助於景氣的恢復。針對這個問題，凱恩斯（John M. Keynes）先後出版了《失業理論》（*The Theory of*

Unemployment, 1933) 及《就業、利息與貨幣的一般理論》(*The General Theory of Employment, Interest and Money,* 1936),提出由政府創造有效需求,挽救由**市場的失敗**(market failure)所導致的經濟危機。當時,正逢各國準備以戰爭的方式解決經濟危機之時,凱恩斯理論就成為各國擴張軍備的藉口,而相繼採用。經過兩次的世界大戰,凱恩斯理論終於成為資本主義國家追求經濟成長的理論依據。

直至一九六○年代,以美國為主的資本主義國家逐漸步入衰退,資源的浪費、惡性的物價膨脹、大量的失業、生活環境的破壞等問題日益嚴重,而凱恩斯學派卻苦無良策,呈現出**政府的失敗**(government failure)。

克萊恩(Lawrencer R. Klein)和弗里曼(Milton Friedman)等經濟學家以貨幣理論為基礎,提出**供給面經濟學**(supply-side economics),主張控制貨幣發行量、減少政府干預、開發新技術和新資源、鼓勵儲蓄意願、促進資本形成、提高勞動生產力等對策。雷根政府雖然採用了供給學派的理論,暫時穩定了美國經濟,但是,勞動生產力的停滯、鉅額的貿易逆差和龐大的財政赤字,卻為美國經濟帶來了隱憂。

肆、經濟學的研究方法

演繹法(deductive method)和**歸納法**(inductive method)是研究社會科學的基本方法,經濟學也不例外。所謂演繹法,就是先設定一個前提假設(hypothesis),再用邏輯的推理方法得出結論,最後,再應用於具體的經濟現象,以證明是否合乎事實。現在,

舉個例子來說明：

一、假設在完全競爭的市場裡。

二、資本、設備和技術的增加都會引起價格的上漲。

三、所以生產成本的增加會引起價格的上漲，而且生產成本等於價格，這就是生產成本法則。

四、如果某種商品的價格不等於生產成本，就表示該商品市場不是完全競爭市場。

所謂歸納法，就是先蒐集各種具體的事實，把相關因素列舉出來，歸納出一個結論，最後，再應用到具體的經濟現象。譬如說：

一、由觀察獲知X、Y、Z三種原因及A、B、C三種結果。

二、$X + Y = A + B$

$X + Z = A + C$

$X + Y + Z = A + B + C$

三、X出現時，A必出現，所以X為A的原因。

演繹法和歸納法都不是完整無缺，必須合併使用，才能發現比較合理的經濟法則。演繹法的前提假設並非固定不變，其結論必須用歸納法證明。歸納法的資料蒐集也十分困難，其結論的因果關係也極難肯定。因此，兩者必須併用，才能達到推理的目的。

利用數學的方法分析經濟現象，不僅能夠簡潔地表達經濟分析的推理過程，也能夠把握**經濟變數**（economic variables）間的相互關係，提高結論的正確性。最近盛行的**計量經濟學**（econometrics），就是運用數學的原理和統計的技術，分析經濟現象、預測

經濟發展，對了解經濟現象的背後事實及制定經濟政策，有很大的貢獻。

計量經濟學往往忽略了隱藏性的因素，常使模型（model）的運用產生困難。為了克服這個缺失，重視隱藏性因素的**理性預期**（rationale　expectation）漸受重視。理性預期的分析因素，不僅包括過去和未來的訊息，也包括突發和偶然事件。理性預期的分析方法，是以機率分配求得期待值，再以期待值預測未來的發展。由於人們的行為無法達到完全理性的地步，理性預期仍然獲得完全精確的結果。因此，開拓非理性部份的分析方法，將是經濟學家必須努力的課題。當然，科學技術的進步和知識水準的提高，將使個人逐漸趨向理性，而理性的結果，將使理性預期更為接近事實。總之，經濟學家在非理性部份的探究及個人在理性部份的努力，將是邁向理性社會不可或缺的要素。如何在變動中追求固定，將是人類今後必須努力的方向。

伍、經濟學的分類

從研究方法來說，經濟學可以分為三大部門，第一是以時間順序，研究個別或具體經濟現象的經濟史（economic history）。第二是將經濟現象的變化和發展，歸納出經濟法則的經濟理論（economic　theory）。第三是將經濟法則運用於實際政策的經濟政策（economic policy）。由於經濟史是研究經濟現象的個別性和歷史性，而經濟理論是研究經濟現象的一般性，兩者相互補助，互為應用，所以通常是把經濟史列入經濟理論中。因此，目前經濟學

的分類，是將經濟理論稱之爲**理論經濟學**（theoretical economics）；而將經濟政策稱之爲**應用經濟學**（applied economics）。

　　理論經濟學是研究存在（what is）的問題，不該含有主觀的**價值判斷**（value judgement）。應用經濟學是研究當爲（what ought to be）的問題，必須因人、地、物的不同，採取不同的對策。應用經濟學必先界定研究目標的定義，再探討背後的理論，然後，選擇合適的手段，最後，再計算以何種犧牲去達成目的。

　　一般所謂的經濟學（economics）或**經濟學原理**（principles of economics）比較偏重理論經濟，對於應用經濟，則提示一般原則而已。如果要進一步研究應用經濟學，必須選讀有關的經濟政策，例如，經濟政策、財政政策、金融政策或社會政策。爲了了解某一特定地區的經濟，必須選讀美國經濟、英國經濟或日本經濟等。爲了探究某種產業的經濟，必須選讀工業經濟學、農業經濟學或商業經濟學等。

　　經濟學或經濟學原理的內容，一般分爲**個體經濟學**（microeconomics）與**總體經濟學**（macroeconomics）兩種。前者是從個別的經濟行爲中，研究消費、生產、交換及分配的經濟法則；後者是從社會全體的經濟關係中，研究國民所得、物價、僱用、景氣循環、經濟成長、國際經濟及環境對策等的經濟理論。經濟學原理是應用經濟學的基本理論依據。凡是應用經濟學原理，去研究社會現象或個人行爲，都可成爲應用經濟學的一門。例如，教育經濟學、醫療經濟學、旅遊經濟學等。生活經濟學就是應用經濟學的原理原則，去分析個人生活中有關所得、消費和儲蓄的經

第三節 生活經濟學的定義與內涵

壹、生活與經濟

人類生活涵蓋了政治、經濟、社會、文化等各種層面，而經濟層面與日常生活的關係最為密切。我們每天都要購物或搭車，偶爾要看電影或燙頭髮，也要定期繳納水電瓦斯費和各種稅金，有剩餘的金錢時，則要存款或投資，這些活動都是經濟生活。一般人對於經濟現象的前因後果和相互關係並不十分了解，甚至對於一些常見的經濟名詞也不十分清楚，所以常會產生錯誤的認知和判斷，造成不合理的經濟行為。

經濟行為通常是隨著某些價值標準而變化，這些價值標準就是**生活指示器**（parameter of life）。在勞力市場上，有工資指示器（parameter of wage），如果指針上升了，就有更多的人力希望加入；如果下降了，就有人想退出。在商品市場上，有價格指示器（parameter of price），當指針上升時，人們就會減少購買的數量；當指針下降時，人們就會增加購買的數量。在資本市場上，有利率指示器（parameter of interest），要是指針升高了，人們就增加存款的金額；要是降低了，人們就會減少存款的金額。在一個自由的經濟體制下，生活指示器能夠正確地反映經濟現象，使人們易於從事合理的經濟行為。但是，在一個不自由的經濟體制下，生活指示器就會受到操縱，而不能正常運作，人們的生活就會失去

依據，只能按照操縱者的指示行動。

　　每一個人都在追求欲望的最大滿足，每一個企業都在追求利潤的極大化，每一個政府都在追求資源的合理分配。但是，由於個人所得只能購買有限的商品，所以消費行為必須按照欲望的優先順序加以選擇。由於企業資金只能從事有限的生產規模，所以生產行為必須尋求降低成本和提高收益的方法。由於政府資源只能支應有限的公共建設與福利措施，所以分配行為必須根據成本─效益分析的結果加以配置。當社會整體都在追求有效的消費、有利的生產與合理的分配時，各種利害關係就會日趨複雜，就越需要以合理的經濟法則彼此約束，共謀成長。

　　現代生活與經濟法則息息相關，若能充分運用經濟法則，就能提升生活內涵。因此，我們可以說，掌握了經濟，就是掌握了生活。

貳、生活經濟學的定義

　　生活指示器是理性的個人決定行為方式的重要依據。譬如說，雞蛋的價格指示器上升了，我們就會重新檢討雞蛋的價值和購買的數量，又如氣溫指示器下降了，我們就會多穿衣服。問題是，生活指示器並不顯示**背後的事實**（hinder facts），例如，雞蛋的價格上漲了，到底是生產財價格的提高、生產技術的落伍、需求的增加，還是壟斷性的操縱，一般人都無法了解。就像氣溫降低了，一般人也無從知道是什麼原因所造成。我們通常都承認生活指示器的反映是既成的事實，而不加懷疑，有時雖感到奇怪，卻

無管道可以抗議，必須等到錯誤的結果產生，才會引起大眾的關切，但往往為時已晚。

在資本主義制度下，生活指示器常會遭受破壞。在商品市場上，企業為了追求利潤的極大化，常以廣告宣傳或聯合寡佔的方式，使價格指示器無法反映合理的價格，甚至誤導消費者接納不合理的價格。在勞力市場裡，由於勞動力難以移動，買方主權不斷高漲，工資指示器的反映往往偏低，使勞工無法以合理工資販賣勞力。在資金市場裡，政府為了鼓勵民間投資，而以人為方式壓低利率水準，使利率指示器無法反映合理的利率，使儲蓄者蒙受損失。

生活指示器一旦遭受破壞或干擾，經濟秩序就難以維持，生活就會陷入混亂。比方說，一部汽車的油量指示器如果不能正常運作，就無法確知有多少存油，也無法預知能開多長的距離，不僅不便，而且十分危險。想想，如果股票市場的行情指示器不能反映背後的事實，股票交易就變成投機行為，理性的儲蓄者就不敢貿然參與，民間投資的資金調度就會呈現不穩定的狀態，對國民經濟影響甚大。

因此，理性的個人在採取行動之前，必先測試生活指示器的功能。如果生活指示器的功能完全正常，就可以安心根據它的指示行動；否則，就必須透過政治管道、勞資交涉或消費者運動的方式，使生活指示器恢復正常的運作。可是，如何測知生活指示器是否故障了呢？理性的個人必須竭盡所能去探究生活指示器的背後事實。譬如說：新台幣升值，進口商品應該酌予降價，如果

不降價，就表示進口商品的指示器不能自動調整，無法反映背後的事實。如果勞動生產力大幅提高，而工資指示器卻沒有變動，就表示失去了應有的功能。如果銀行利率很低，而黑市利率卻高得離譜，就表示利率指示器有了麻煩。

在分析背後事實的時候，必須根據一些理論基礎，也就是必須根據一些經濟法則，才能從事正確的判斷。經濟學家的努力，已經爲我們建立了許多經濟法則，我們若能運用這些法則，去處理日常的生活問題，就會使我們的生活更有效率，更富意義。因此，**生活經濟學**（living economics）的定義，就是日常生活的經濟法則（economic law of daily life）。由於家庭是日常生活的主體，所以生活經濟學的定義，應限定在以家計爲主體的生活經濟法則。因此，生活經濟學亦可稱爲廣義的**家計經濟學**（household economics）或家庭經濟學（family economics）。在生活經濟學尚未建立理論體系之前，我們不必去追究經濟法則的當否，只需以現有的經濟法則，去分析現實生活的應否即可。因此，生活經濟學不是理論經濟學，是屬於應用經濟學的範疇。

生活經濟學的基本原則就是合理主義，不僅告訴人們合理的經濟現象，也告訴人們合理的經濟行爲。個人有了生活經濟學的觀念，就會採取合理的行爲；社會接受了生活經濟學的理念，就會成爲理性的社會；而理性的社會會造就出更多理性的個人。因此，生活經濟學的目標是要讓更多的人接受，讓社會變得更有理性。

參、生活經濟學的主體

　　生活經濟學的主體就是家計（household）。但是，在家計活動中，所得必須仰賴企業，消費必須由企業提供，而儲蓄就必須透過金融機構。因此，企業和金融機構就成為生活經濟學的客體。古典經濟學認為，家計、企業和金融機構是三位一體的，家計的消費完全由企業提供，（即總和供給等於總和消費）而家計的儲蓄則完全透過金融機構流入企業，作為企業的投資。（即儲蓄等於投資）凱恩斯學派則認為，家計、企業和金融機構是個別的團體，具有不同的動機和活動方式，如果沒有政府的干預，市場均衡是無法達成的。生活經濟學並不介入這種經濟理論的爭論，只從家計出發，去探討與家計活動有關的組織與相互關係。生活經濟學所關心的是家計的經濟活動是否有效、企業的工資和價格是否合理、金融機構的組織和利率功能是否健全。

　　每一個家計都在尋求所得的增加，卻不易如願。如何在一定的所得下，從事有效的消費行為，是家計的要務，因為那不僅能夠提高生活水準，也可以增加家計的儲蓄。經濟法則告訴我們，有效的消費行為必須具備兩個條件：第一是要有合理的預算，第二是要能有效的運用。編列合理的預算，必先按照家庭生活的需要，編列支出項目，例如，食品費、服飾費、房租、水、電和瓦斯費、醫藥費、文教娛樂費、交通費及雜費等。其次，要在每項支出項目內，再編列細目，例如，在食品費項目內，編列魚肉、蔬果、飲料、調味品等。最後，根據家庭所得、物價水準及家人

的偏好，決定各項支出的比率。在運用預算時，首先，要根據物價變動的情形，決定是否購買及購買數量。其次，要根據商品知識，尋找替代品。最後，要以技巧將購入的商品做最佳的利用。

家計是在追求所得的極大化和欲望的最大滿足，企業是在追求最低的生產成本和利潤的極大化，兩者在本質上是對立的，但是，由於彼此的需要，兩者不得不維持緊密的依存關係，這種關係必須靠著合法的**交涉權**（bargain power）和**消費者主權**（consumers sovereignty）才能維持。如果沒有交涉權，企業就容易侵犯勞工的權益，勞工就會以降低勞動生產力作為報復；如果沒有消費者主權，消費者的消費行為就無法獲得安全、合理的保障，企業也會產生劣幣逐良幣的現象。因此，家計與企業的和諧關係必須仰賴政府的協助，才能使雙方基於平等的立場，從事合理的交易，才能使雙方獲得最大利益。

家計與金融機構的關係也是十分微妙的，金融機構是以賺取利差為經營目的。為了降低資金成本，金融機構必然希望降低存款利率，可是，就家計的立場而言，儲蓄乃是為了生活的安全，如果實質的存款利率（名目利率減去物價膨脹率）偏低，就無法充分保障生活的安全。因此，合理的利率是雙方必須遵守的，而合理利率的前提條件，就是金融制度必須自由化，如果金融制度不自由化，利率就不能達成均衡水準，家計的儲蓄就無法獲得合理的保障，金融機構的服務品質就難以提升。金融制度自由化之後，利率完全由資金市場的供需狀況決定，均衡利率就會產生。因此，在家計與金融機構的關係上，政府的干預反會傷害雙方的利益。

肆、生活經濟學的內涵

■家計收支理論

　　生活經濟學首先要探討的，就是家計收支的問題，這個問題至少要從家計機能、家計收支與家計規劃三方面去分析。在家計機能方面，有勞力的培養、商品的購買、家事勞動及儲蓄與納稅等機能；在家計收支方面，有家計收入、家計支出及家計預算等內涵；在家計規劃方面，有生涯周期的形態、生涯周期與家計的關係及生涯周期的規劃等。

■價格制度理論

　　價格制度左右物價水準，而物價水準則影響消費水準，所以價格與物價是家計十分關切的問題。生活經濟學除了應該探討市場價格的形成與變動之外，也應該探討寡佔價格、聯合寡佔價格及公共價格的形成與變動。最後，還必須探討物價指數、物價膨脹、物價對策等物價問題。

■家庭所得理論

　　在家庭所得的基礎理論方面，必須探討家庭所得的因素、家庭所得的結構及家庭所得的分配；在家庭外勞動所得方面，需要探討工資的決定法則、工資與職位的關係、工資與能力的關係、工資與教育投資及工資與性別歧視等；在家庭內勞動所得方面，需要探討家事勞動的問題背景與評估方法及家庭副業的問題。

■家庭消費理論

　　家庭消費理論至少應該探討需求曲線與需求彈性、邊際效用

與無異曲線、消費者均衡與消費者剩餘、恩格爾法則與消費結構、消費行為與消費形態等基本問題，以作為理性消費的指針。

■家庭儲蓄理論

在家庭儲蓄的基礎理論方面，對儲蓄的背景因素、類型和結構都有說明的必要。此外，對於金融制度自由化的理論背景也應加以分析，而銀行大眾化的觀念也應加以倡導。

■生活水準理論

提升生活水準是生活經濟學的理想目標，對於生活水準的定義、範圍與差異都應加以解釋，而對於生活費用的測定方法，更須詳加分析，才能作為政府制訂生活保護標準的依據。最後，生活保護措施是家計與政府間最重要的連帶關係，生活經濟學也應加以探討。

■消費者問題

消費者主權是生活經濟中不可或缺的權利，但是，這個權利必須由消費者自己去爭取，不能只依賴政府的保護。保護消費者權益的最有效方法，就是商品責任保險與消費者合作事業，所以生活經濟學應對消費者主權、商品責任保險及消費者合作事業加以介紹。

■經濟犯罪

在錯綜複雜的現代生活經濟中，經濟犯罪已成為嚴重的社會問題。生活經濟學對經濟犯罪背景、對社會的影響及應採取的對策都應加以探討，才能構成一個完整的體系。

總之，生活經濟學的內涵，應隨著經濟社會的變遷不斷充實。

雖然生活經濟學的基礎理論，大都來自經濟學的原理，但是，在應用範圍不斷擴大之後，生活經濟學亦可發展出自己的理論模型。未來的生活經濟學必須仰賴更多的專家學者共同開拓，才能建構出一個完整的理論體系。

第 2 章

家計收支理論

第一節　家計的經濟機能

壹、勞力的培養

　　家計（household）是生活經濟的主體，在自給自足的社會裡，家計本身就是生產與消費的單位，與家計外的經濟主體並無關連，但是，在現代的生活經濟裡，家計與企業、金融機構、政府及其他家計之間的關係十分密切，家計機能自然受到這些經濟主體所左右。首先，從家計與企業的關係來說，家計提供企業必要的勞力，並以勞動報酬購買企業所生產的商品。其次，從家計與金融機構的關係來說，家計提供金融機構所需要的資金，並獲取利息，也就是所謂的儲蓄。再次，從家計與政府的關係來說，家計繳納政府財政所必要的租稅，並享受政府所提供的各種經濟建設與社會福利。最後，從家計與其他家計的關係來說，家計可能需要其他家計提供勞務（如幫傭、託兒等），並支付家事勞動報酬。

　　企業所必要的勞力是由家計所提供，而勞力品質的高低深受家計的環境所影響，高水準的家庭生活可以培育高品質的勞力；而惡劣的家庭生活卻往往孕育了低品質的勞力，所以培育高品質的勞力，是家計的重要機能。家計不僅要致力於經濟性的**生活水準**（living standard）的提升，也要致力於文化性的**生活品質**(quality of life)的改善。更具體的說，為了培育高品質勞力，家計至少要具有下列幾項機能：

第一、營養衛生的飲食。

第二、寧靜的休息（或睡眠）環境。

第三、健康的維護。

第四、子女的保育與教育。

第五、知識的充實。

第六、快樂的追求。

第七、不安或苦惱的消除。

生活水準和生活品質的提升，除了受到個人的所得水準與生活價值觀所左右之外，也深受社會的文化水準與科技水準所影響。如果家庭所得太少，根本就無法改善生活條件；如果個人的生活觀不重視生活內涵，再高的所得也難以改善家庭生活；如果社會的文化水準太低，設施也不足，個人想要充實知識或提升教育水準就十分困難；如果社會的科技水準落後，家庭就沒有辦法享受高品質的物質生活，例如，古代的王公貴族也無法享有電冰箱、冷氣機或汽車等方便的生活用品。

在教育水準＝勞力品質＝勞動報酬的社會裡，家計必須扮演人力投資的角色。家計需要編列更多的經費，從事家庭成員的教育訓練，尤其是對子女的教育活動，更是家計最重要的人力投資。家計不僅要重視家庭內的教育，也要重視家庭外的教育；不僅要重視國內的教育，也要重視國外的教育，要使家庭成員成為具有專業知識、高度技能與富有國際意識的優秀人才，這就是家計培養勞力的最大目的。

醫療保健等商品。隨著經濟的成長與生活水準的提升，家計所購買的商品，會由非耐久財和半耐久財移至耐久財；然後，由耐久財移至勞務商品。在進步的家計所購買的商品中，勞務商品的比率已逐漸接近非耐久財，而耐久財的比率則逐漸接近半耐久財。

　　人類對勞務的需求，是隨著所得（或權力）的提高而增加。古代的王公貴族或地方財主大都僱用眾多人力從事各種服務；現代的高所得家庭也大都僱有傭人照顧家事，僱用司機開車或僱用家庭教師教育子女；甚至一般所得的家庭也偶爾到豪華的飯店住宿用餐、搭乘計程車、由洗衣店代為洗燙衣服或送子女到幼稚園接受教育。現代家計是越來越依賴勞務商品，而從事勞務的人數也越來越多，勞務產業的生產值佔國民所得的比率也越來越高，勞務商品將是未來的家計和產業的最重要商品。勞務商品的重要性，主要來自三個因素，第一是勞務的專業化，第二是時間的價格化，第三是生活的多樣化。社會越進步，專業分工越細密，個人的知識能力已難以處理日趨複雜的公共事務與社會生活，必須仰賴專業人員的服務。此外，**時間價值**（time value）貨幣化的結果，使時間價格有了計算的依據。基於所得越高時間價格越貴的原理，現代人的時間價格已普遍提高，如果勞務價格低於自己的時間價格，就會購買勞務商品。例如，作一頓飯菜需費時二個小時，而每小時的時間價格為一五〇元，時間成本即為三〇〇元，如果在餐廳吃一頓相同的飯菜只需要二〇〇元，那麼，就會選擇在外進食。最後，由於現代生活日趨多樣化，單純的物質商品已無法滿足現代人的需求，而有非物質的勞務商品的盛行，尤其是休閒

旅遊商品，更是現代人樂於購買的商品。

　　家計購買機能的改變，不僅影響到家庭生活的內涵，也影響了現代人的意識形態。易言之，商品的量與質不僅只爲了滿足家庭成員的生活所需，也爲了顯示家庭的社會地位，作爲追求更多財物和權力的手段。人類的價值取決於擁有的商品，人類的欲望依存於生產的商品，這就是蓋布雷斯（J. Galbraith）所謂的 **「依存效果」**（dependence effect）。

參、家事勞動

　　經濟學上所謂的生產（production），是指滿足他人欲望，獲取報酬的活動；所謂的消費（consumption），是指家計購買財物或勞務的行爲。就嚴格的定義來說，這並非妥當的解釋，因爲沒有報酬的家事勞動，應該屬於生產的一環，而消費則應該涵蓋購買、加工和使用三個階段。爲什麼同一種勞動在家庭外從事就是生產，而在家庭內從事就不是生產呢？這的確是不合理的解釋。譬如說，餐廳廚師烹調食物、託兒所教師照顧小孩、洗衣店老闆洗燙衣服、清潔公司小弟打掃房間等都是生產，爲什麼家庭主婦每天料理、育兒、洗燙和打掃就不是生產？有許多商品購買之後，必須經過加工的過程才能使用，例如，由超級市場購買回來的青菜、魚肉、調味品等材料，必須經過烹調的過程才能享受，如果沒有烹調的過程，就不能使用，就失去了消費的意義。由以上分析可知，家事勞動既是生產活動，也是消費行爲。

　　在原始家庭制度下，家庭外生產活動和家庭內生產活動是同

等重要，但是，自從貨幣制度發達之後，家庭內生產活動就逐漸失去了重要性，因爲家庭內勞動無法獲得貨幣報酬。在市場經濟和貨幣主義極端發達的現代生活中，家事勞動不僅不受重視，也逐漸減縮了機能，許多家事勞動已被家庭外勞動所取代，例如，在外進食、委託洗衣店洗燙衣服、委託清潔公司打掃房間、委託托兒所照顧子女等。造成家事勞動機能減縮的原因，主要是由所得提高所引發的時間價格的增加所致。譬如說，洗衣服可以選擇自己用手洗、自己用洗衣機洗、僱用他人來洗及送洗衣店洗等四種方法。如果自己用手洗，那麼，就必須準備水和肥皂等中間財、水桶和洗衣板等資本財以及自己的勞力；如果自己用洗衣機洗，雖可免除水桶和洗衣板等資本財，卻需要購買洗衣機的資本財；如果僱用他人來洗，雖可免除自己的勞力，卻需要支付他人的工資；如果送洗衣店洗，雖可免除中間財、資本財和自己的勞力，卻需要支付洗衣的市場價格。由於中間財和資本財的成本差異較小，所以家計通常是以勞力的時間價格，選擇家事勞動的方法。現代人由於所得水準的提高，勞力的時間價格也跟著上揚，家事勞動的成本就隨之增加，所以就逐漸不從事家事勞動，而委託他人處理。

　　家事勞動機能的降低，是經濟因素所造成的結果，也是人類合理行爲的必然現象。可是，這個結果卻也產生了一些非經濟因素的缺失，例如，家庭成員的角色逐漸混亂、親情關係日趨淡薄，甚至引發了人群對立與弱肉強食的恐怖現象。因此，重新肯定家庭機能的重要性，加強家事勞動機能，應該是現代人必須深思的

問題，也是家計必須努力的課題。

肆、儲蓄與納稅

　　在一個變化多端的現代社會裡，如果沒有儲蓄，將會造成對生活的威脅，所以儲蓄是家計的重要機能。一般家計的儲蓄方式，主要有金融性儲蓄與實物性儲蓄兩種，前者包括各種存款、保險和有價證券；後者涵蓋不動產、耐久財、貴金屬及會員卡等。家計在選擇儲蓄方式時，除了以收益爲基本考慮因素外，仍需考慮儲蓄的安全性，對高風險的儲蓄方式，應儘量避免，或只投入部份的資金，以免血本無歸。

　　家庭儲蓄與企業活動有密切關係，尤其是金融性儲蓄，大都透過金融機構向企業提供貸款，企業就利用這些資金購買生產財、研究開發和提升勞動生產力，於是，家計一方面可以獲得較高的所得；一方面可以享受物美價廉的新商品，生活水準就可以提升。因此，儲蓄對家計和企業都有正面的影響，是頗值得鼓勵的措施。

　　在金融性儲蓄中，最常見的是一般金融機構的存款，但是，最近由於股票狂飆的結果，吸引家計投入龐大的資金，而使股票成爲家計的重要儲蓄。然而，在人人以短線操作追求近利的結果，卻使股票市場成爲風險極大的投機活動，失去了儲蓄的本質。要解決這個問題，似乎有賴政府推動金融制度自由化（包括經營自由化及利率自由化）與健全證券市場，讓存款利率由市場的供需狀況決定，讓證券交易成爲健全的儲蓄手段。至於民間保險，一般家計

尚無正確的觀念，業者也沒有充分扮演應盡的社會責任，所以保險市場尚待進一步開發。問題是，家計所繳納的保險費，是儲蓄還是消費，要依保險的性質而定，如果是意外險（如傷病、災害、死亡等保險），保險費就不是儲蓄而是消費，因為保險費已經拿不回來；如果是目的險（如人壽保險），保險費就是儲蓄。我國一般的家計都以投保目的險為主，鮮少投保意外險，所以就有保險就是儲蓄的觀念。先進國家的家計投保意外險十分普遍，保險費就不列入家庭儲蓄項目，這是先進國家儲蓄率偏低的原因之一。

在實物性儲蓄中，最普遍的就是不動產的購買，尤其是國人對不動產的偏愛尤勝於歐美人士。在不動產價格不斷高漲的情形下，人們取得不動產的機會越來越小，甚至積一生之儲蓄仍難購得。雖然不動產貸款的普及，幫助許多家庭取得不動產，但是，負債的重擔卻阻礙了生活水準與生活品質的提升，進而影響了有效需求與經濟成長。因此，政府應該廉價出售公有土地，（目前，台灣的公有土地約佔全省面積的三分之二）以增加土地供給，平穩土地價格。若能如此，家庭經濟必能獲得改善，國民經濟也能獲得更高的成長。

納稅是國民應盡的義務，也是家計的另一種機能，更是社會儲蓄的方式。家計所繳納的租稅和社會保險費（或社會安全稅），理論上都是社會儲蓄，包括社會資本的累積和社會福利制度的充實。社會資本的累積，可以創造出良好的社會環境；社會福利制度的充實，可以保障國民的健康、經濟與精神生活，兩者對家計都有良好的作用。因此，從家計而言，納稅是一種支出，從社會

而言，納稅則是一種儲蓄，每一個家計都有分擔社會儲蓄的責任，
也有分享社會儲蓄的權利。

第二節 家計收支與家計預算

壹、家計收入

　　家計收入的來源，主要有勞動所得（工資）、財產所得、事業所得及移轉所得四種。所謂勞動所得，是家庭成員爲政府、企業（含金融機構）、其他家計或其他單位提供勞力而獲得的報酬。不管從事何種勞動（肉體的勞動或精神的勞動），只要有受僱的事實，並接受報酬者，均稱爲勞動所得。依此定義，受僱醫師的報酬是勞動所得，開業醫師的報酬就不是勞動報酬；公司總經理的報酬是勞動報酬，公司董事長的報酬就不是勞動報酬。

　　所謂財產所得，是家計將資金或不動產提供他人使用而獲得的報酬，例如，存款、貸與、債券等利息、公司股息、不動產的租金或出售所得等。以財產所得爲主要收入者謂之資產家庭，一般勞動家庭雖也擁有財產所得，但是，並非家計的主要收入。財產所得對穩定生活頗有幫助，是一般家計努力尋求的所得。

　　所謂事業所得，是憑自己的能力經營事業所獲得的所得，例如，從事工商業、農業和自由業（如醫師、律師、作家、藝術家等）之個人事業經營者，但是，不包括法人組織的企業利潤。個人事業經營者從生產或販賣的收益中，扣除僱用人員的薪資、資金成本、原料費用、稅金等生產成本以及企業儲蓄後剩餘之金額，稱之爲家計的事業所得。個人事業經營者雖然努力賺取利潤，但是，有

時候並無利潤，甚至會有負債的現象。事業所得必須由經營者投入生產費用，負擔經營風險，而非單純的勞動報酬，所以應與勞動報酬明確劃分。

　　所謂移轉所得，是特定的家計（如低收入者、失業者、殘障者及老人等的家庭）自政府的**移轉性支出**（transfer expenditure）所獲取的所得，例如，低收入戶生活扶助、失業給付、殘障年金、老年年金等。由於社會福利制度的充實，接受移轉所得的家庭正逐漸增加，另一方面，其他一般家庭的租稅負擔也不斷加重，所得重分配的結果，使貧富的差距不致太過懸殊。

　　若進一步分析家計所得的結構，如**表 2-1** 所示，可以分為實際收入、實際收入以外的收入，以及前期（上一個月或上一年度）餘額三大項。在實際收入中，又可分為經常性收入與非經常性收入兩

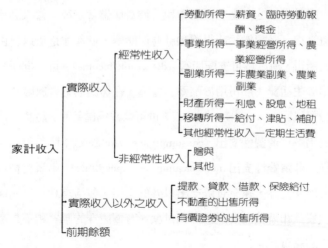

表 2-1：家計收入結構

種。經常性收入則可分爲勞動所得、事業所得、副業所得、財產所得、移轉所得及其他經常性收入。勞動所得包括所有家庭成員的定期性和臨時性所得及獎金等；事業所得包括一般事業經營所得和農業經營所得；副業所得包括非農業副業 (如代工、撰稿) 和農業副業 (如養殖家畜、種植農產品)；財產所得包括利息、股息、地租等；移轉所得包括各種社會福利給付、津貼和補助等；其他經常性收入，例如家人定期支給的生活費。非經常性收入則有他人的贈與或中獎獎金等。實際收入以外的收入，則有金融機構的提款、貸款、親友的借款、保險給付、不動產的出售所得及有價證券的出售所得等。

貳、家計支出

　　家計支出的內涵主要有租稅、消費與儲蓄三種。當家計獲得所得之後，必須繳納所得稅和社會保險費，餘額才是可以自由支配的所得，稱之爲**可支配所得** (disposable income)。可支配所得部份用於生活費，部份用於儲蓄，當然，在繳納的社會保險費中，部份可以回收 (如老年年金保險)，也可以視爲儲蓄。一般將生活費用支出稱爲**消費性支出** (consumption expenditure)；將租稅和保險費稱爲**非消費性支出** (non-consumption expenditure)，兩者合稱爲實際支出。此外，還有實際支出以外的支出，包括存款、民間保險費、貸款和借款的償還、分期付款、有價證券的購買和不動產等資產的購買等。

　　消費性支出可以分爲**必要性支出** (necessary expenditure) 和**選**

擇性支出（optional expenditure）兩種，前者是維持生命和基本生活所必要的費用，例如食品費、居住費、醫療保健費、水電燃料費等；後者是為提升**生命價值**(value of life)或生活品質所支付的費用，例如，服飾費、教育文化費、休閒娛樂費、家庭器具與設備費、運輸通訊費等。非消費性支出可以分為直接稅與社會保險費兩種，前者是指個人綜合所得稅，包括勞動所得、財產所得、個人事業所得等所得所繳納的租稅；後者是指各種社會保險費，例如，健康保費、失業保險及年金保險等。實際支出以外的支出可以分為借貸的償還和資產的累積，前者有貸款、借款和分期付款的償還，後者則包括存款、儲蓄性保險費的繳納，及不動產、貴重金屬、收藏品及有價證券的購買等。

　　表 2-2 消費支出結構中的食品費，係指家計所購買的糧食費用，包括主食、副食、嗜好品與外食。居住費是指家屋的使用或維護所需要的費用，包括房租、房屋維護費及房屋管理費等。水電燃料費是指電氣、電話、自來水和瓦斯等費用。家庭器具及設備費是指附著於家屋的器具、家具和其他設備以及維護家庭清潔所需之消耗品，包括耐久財、室內裝飾品、寢具、廚房用品及消耗品等。服飾費是指自頭至腳所穿戴之服飾與鞋類所需之費用，包括衣服、飾物及服飾勞務費。保健醫療費是指家庭內所購買的醫藥用品與醫療保健的服務費用，包括內服藥、外用藥、保健用品及保健諮詢、門診、住院等所需之費用。運輸交通費是指交通費、自有交通工具的使用和維護費及通訊費用。教育文化費是指各種學費、用品費及教育文化服務費等。休閒娛樂費則包括休閒

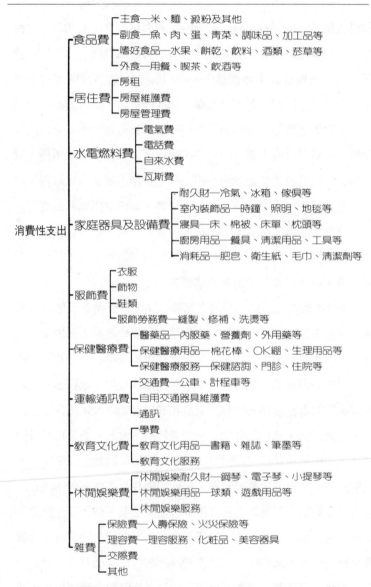

表 2-2：家計消費性支出結構

娛樂耐久財、用品及服務所需之費用。雜費則依家計性質而有很大差異，一般包括保險費、理容費、交際費、捐款及其他雜費。

隨著國民所得的增加和生活品質的提升，現代家計的消費性支出有下列幾個特色：

第一、食品費用比率逐漸降低——這是恩格爾(E. Engel)在一八五七年所發現的理論，即所得越高的家庭，其食品支出佔家計支出的比率越低，這就是所謂的**恩格爾法則**（Engel's Law）。

第二、居住費用比率逐漸降低——這是史華伯 (H. Schwabe) 在研究所得與房租關係之後所提出的理論，即所得越高的家庭房租支出比率越少，這就是所謂的**史華伯法則**(Schwabe Law)。但是，萊特 (C. D. Wright) 在調查美國勞動者的家計後，却發現房租與所得的關係不大。這可能與不動產的價格有關，如果不動產價格很貴，高所得家庭當然擁有自用住宅，而無須支付房租；低所得家庭則難以擁有自用住宅，而需負擔昂貴的房租。

第三、教育費用比率逐漸增加——由於教育的普及與教育期間的延長與教育費用的提高，教育費用已成為現代家計的重要支出項目，而且所得越高的家庭，教育支出比率也越高。在一八七五年萊特的調查中，也發現這種現象。

第四、選擇性消費支出比率逐漸提高——服飾、教育文化、休閒娛樂、家庭器具與設備、運輸通訊及雜費等選擇性消費支出的**所得彈性**（income elasticity）大於一，即家計所得增加一時，選擇性消費支出增加一以上；相反地，必要性消費支出的所得彈性則小於一，所以家計所得越高，選擇性消費支出比率越大。

　　第五、勞務支出比率逐漸增加——居住、水電燃料、保健醫療、運輸通訊、教育文化、休閒娛樂等的服務費用的增加率會高於財物支出的增加率，易言之，現代家計在擁有充分的財物之後，對勞務的需求會不斷增加。

　　影響家計支出的因素很多，至少有下列幾項：

　　第一、所得、資產與負債的有無——除了所得之外，資產與負債也是影響家計支出的因素，資產（尤其是金融性資產）越多，負債越少，家計支出越大。實物性資產雖然流動性較低，卻能產生富裕的感覺，而易於增加消費性支出。相反地，負債的壓力常使家計產生貧窮感，而不得不勵行節約。

　　第二、家庭結構——家庭成員的人數和年齡結構也會影響家計支出。家庭人數越多，家計支出也越多，但是，平均每人的生活費卻往往會減少，因爲大家庭可以享有大量採購與共同使用的效益性和方便性，亦即所謂的規模經濟（economy of scale）。此外，老人與小孩較多的家庭，家計支出也比較多；在小孩的成長階段，家計支出的食品費和教育費就比較多，而在高齡者家庭的醫療保健支出則佔較高的比率。

　　第三、經濟社會的變化——在鼓勵節約的社會裡，家計支出就較少；而在鼓勵消費的社會裡，家計支出就較多。一般說來，在流行中產階級意識的現代社會裡，人人都有向別人看齊的意識，別人擁有的財物或享有的勞務，自己也想擁有和享有，於是，家計支出就會膨脹。此外，由於婦女勞動參與率的提高、高齡社會的加速與消費者信用的擴張等經濟社會的變化，也使家計支出

有了顯著的變化，不僅在量方面增加了，在支出結構比率上也不斷在調整，家計支出似乎是永不止息的在變化中。

參、家計預算

由上述分析可知，家計收入有實際收入、實際收入以外之收入及前期餘額三項；家計支出有實際支出、實際支出以外之支出及本期餘額三項，家計收入等於家計支出，這就是家計收支的平衡原理或**家計預算**（household budget）。我們可以用**國民所得**（national income）的均衡模型，來說明家庭預算。

$$Y_d = C + S_p$$

Y_d 可支配所得＝實際所得－非消費性支出

C：消費性支出

S_p　：盈餘＝(實際支出以外之支出＋本期餘額) －(實際支出

以外之支出＋前期餘額)

＝實際收入－實際支出（$I_A - E_A$）

$$\therefore S_p = Y_d - C = I_A - E_A$$

s_p（盈餘率）$= S_p / Y_d$

S_n（儲蓄額）＝ (存款－提款) ＋ (保險費－給付金)

s_n（儲蓄率）$= S_n / Y_d$

金融性資產的增加＝儲蓄額的增加額＋有價證券的增加額

(買入－賣出)

金融性資產的增加率＝金融性資產的增加額／Y_d

　　由**圖 2-1** 的家計收支流程圖可知，一般所謂的「入不敷出」，就是總盈餘為赤字，也就是實際支出大於實際收入，於是，盈餘率為負。所謂資產的增加，就是實際支出以外之支出大於實際收入以外之收入，如果實際收入以外之收入大於實際支出以外之支出，資產就會減少。所謂金融性資產的增加，是指存款、保險費、償債及有價證券的購買等金融性實際支出以外之支出大於提款、保險給付、借貸及有價證券的出售等金融性實際收入以外的收入（兩者皆不含不動產、貴重金屬、收藏品等實物性資產的買賣），如果金融性實際支出以外之支出小於金融性實際收入以外之收入，金融性資產就會減少。所謂的儲蓄額，就是指存款和民間保險費總額超過提款和民間保險給付總額的金額，如果提款和民間保險給付總額超過存款和民間保險費總額，儲蓄率為負。因此，盈餘（sur-

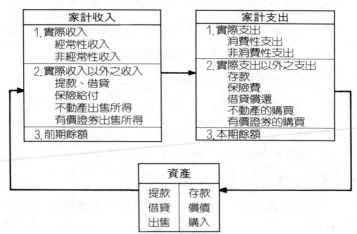

圖 2-1：家計收支流程圖

plus)、儲蓄（saving)、資產（assets)、金融性資產（monetaryassets)
等的定義必須明確加以定位，才能充分了解家計預算的內涵。

　　家計預算雖依家計規劃者的自由裁量而定，但是，一般家計
規劃者都會努力創造更多的盈餘，有些家計比較重視每月盈餘
（monthly surplus)，控制每個月的消費性支出不得超出當月的可
支配所得，並將盈餘投入資產的累積；有些家計比較重視周期性
的盈餘（cyclic surplus)，只要在一個周期內（如半年或一年）獲得盈
餘，就不在乎每個月是否有盈餘；有些家庭則比較重視**機能性盈
餘**（functional surplus)，為了達成某一個生活的目標，而投入龐大
的生活費用，當目標達成時，收入自會增加，盈餘自會產生。到
底是哪一種家計預算最為理想，是個人生活價值觀的問題，無法
給予理性的分析。有些家計資產萬貫，而生活貧乏，甚至痛苦異
常；有些家計雖無家產，卻日日快活，我們實難肯定何種方式較
為理想。

　　經濟社會的變化也會影響到家計預算，例如：景氣不好時，
消費性支出就可能減少，尤其是選擇性消費支出更會減少；存款
利率提高了，儲蓄率就會提高；股票狂飆了，金融性資產增加率
就會增加；不動產價格上升了，實物性資產增加率就會提高。我
們甚至可以說，經濟社會的變化會左右家計規劃者的生活價值
觀，進而影響家計預算的內容。

第三節 生涯周期與生涯規劃

壹、生涯周期的形態

　　人生就是從出生、成長、老化到死亡的一個周期性過程，在這個過程中，有富裕的時光，也有貧困的時光；有健康的時候，也有生病的時候；有快樂的日子，也有痛苦的日子，人類就在這種生活周期中延續生命。就家庭而言，從一個家庭的誕生、子女的成長、事業的發展，直到夫妻死亡而使家庭消滅，就是一個家庭的**生涯周期**（family life cycle）。一般而言，家庭生活周期可以分為下列四個時期，茲分別說明於后。

　　第一、家庭形成期(從結婚到子女就學之間的階段)———一般結婚的年齡大都在二十歲到三十歲之間，然後，子女陸續出生，而形成了一個家庭。結婚之初，由於有兩個人的收入，家庭所得較為豐裕，於是，以耐久性消費財為主，逐漸充實家庭的物質生活，但是，在第一個孩子出生之後，配偶可能無法繼續工作，而住宅可能需要換新，加上小孩的保育費用，使形成期的家計陷入緊張的狀態。於是，家計支持者更需要努力工作，追求較高的收入，另一方面，則需要加強儲蓄，以準備子女的教育費用與購買住宅的資金。

　　第二、家庭成長期(子女就學到完成學業之間的階段)———子女教育可以分為前期的義務教育階段和後期的自費教育階段，在前期

階段,家計支持者的所得增加最快（因爲工作效率高,而且配偶可以恢復工作）,所以較有能力儲蓄,一般都在此一階段備妥購屋的自備款,並購買自用住宅。但是,當子女進入後期的教育階段之後,一方面教育費用增加了,另一方面購屋貸款的利息和本金的償還,也對家計構成極大負擔,所以在此一階段是家計最困難的時期。

第三、家庭成熟期（子女完成學業到退休之前的階段）——子女完成學業之後,不是因就業而獨立,就是結婚而分家,對家計而言,生活費用的負擔會急速減輕。在家庭所得方面,由於長期工作的結果,所得會達到最高水準,若再加上子女的所得補助,家計更爲寬裕。因此,這是家庭生活周期中最安定的階段,也是準備老後生活資金最適當的時期。

第四、家庭高齡期（退休後死亡前之間的階段）——退休之後,所得急速減少,子女完全獨立,甚至老伴也已過世,家庭頓然變成「**空巢**」（empty nest）。此外,在健康上也逐漸衰弱,醫療費用大幅增加,如果自己沒有充裕的儲蓄,如果政府沒有充實的老人福利措施,將會使老後生活陷入絕境。因此,在此一階段應多照顧自己的健康,再度從事簡易工作或志願服務,以維護身心的健康。

每個家庭對生涯周期的處理方法各不相同,一般說來,家庭形態、結婚年齡、子女狀況（出生時期、人數、教育等）及平均壽命等因素,都會影響生涯周期的處理態度。例如,核心家庭和三代同堂的家庭、早婚家庭和晚婚家庭、少數子女家庭和多數子女家

庭、短壽者和長壽者等等，對生涯周期都會有不同的規劃。從社會進化的觀點來說，目前所流行的核心家庭、晚婚、少數子女及平均壽命的延長，都對現代的家計規劃產生了極大的影響。

此外，經濟社會的變化，例如，經濟成長、僱用關係、人口結構和社會福利措施等，都會影響家計的生活規劃。在由高度經濟成長轉向低度經濟成長的過程中，所得增加率趨緩的結果，造成了晚婚和少數子女的家庭；延長退休年齡和老人人力再運用的開發，造成了勞動期間的延長和老人身心的健康問題；高齡化的結果，造成了核心家庭與老人家庭的普及；老人福利措施的充實，造成了平均壽命的延長和老後生活的安定。

貳、生涯周期與家計

■所得

家計的實際所得會隨著家計支持者年齡的增加而提高，在五十歲左右達最高水準，然後，因就業的不穩定，而有減少的傾向，到了六十歲退休後，所得更顯著減少，若以橫座標為年齡，以縱座標為所得，即可作出一個向上凸出的**生涯所得曲線** (income curve of life cycle) （圖 2-2）。在家庭形成期（約在三十歲以前），由於配偶可能無法繼續工作，而使家計所得的增加幅度不大，甚至有減少的傾向（如ya）；在家庭成長期（約在三十歲至五十歲之間），由於工作效率高和配偶恢復工作，而使家計所得大幅增加（如ab）。

家計的可支配所得與實際所得相同，也是隨著年齡的增加而提高，生涯可支配所得曲線亦呈向上凸出型。由於所得稅和社會

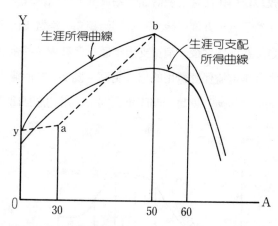

圖 2-2：生涯周期與所得

保險費的非消費性支出是隨著家庭所得和扶養人數的多寡而異，在五十歲以前，非消費性支出較多，在退休之後，非消費性支出則大幅減少，另一方面，卻可享有移轉所得。因此，在五十歲左右，實際所得與可支配所得的差距最大，退休之後，兩者的差距最小。但是，在所得稅率、社會保險費率和社會福利給付水準都偏低的社會裡，實際所得和可支配所得的差距就比較不明顯。此外，可支配所得扣除民間保險費、借貸償還等實際支出之外之支出後的任意可支配所得，也是隨著年齡的增加而提高，而在退休之後才穩定下來。

■消費

家計的消費性支出也是隨著年齡的增加而提高，到五十五歲前後達最高點，但是，在四十五歲至五十五歲之間，消費性支出增加率會趨於緩慢，因為在這一期間，子女尚未完成學業，需要

高額的教育費用，而且必須償還住宅貸款，所以消費支出會維持高水準。到了五十五歲以後，子女開始獨立，消費支出也隨著減少，但是，在退休之後，消費支出不僅不會減少，甚至有增加的傾向，尤其是醫療保健費用的增加更高。圖 2-3 的消費支出曲線（consumption curve）就是一個簡單的例子，用圖形把這種現象表示出來。

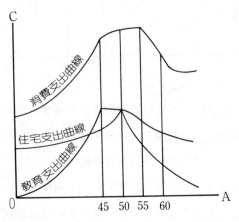

圖 2-3：生涯周期與消費

家計的食品支出，在子女尚未獨立之前，會持續增加，子女完全獨立後，就會顯著減少，然後，呈不變的狀態進行。水電燃料支出的變化也是如此。醫療保健支出在子女剛出生後幾年內以及退休以後，支出比率最大，其他期間則變動不大。當然，這要視家庭成員的健康情形以及政府的健康保障制度是否充實而定，如果家庭成員都很健康，或是健康保障制度可以涵蓋一切醫療費用，醫療保健支出對家計的影響就不會太大。在服飾支出方面，

隨著年齡的增加，所得和社會地位相對提高，而且子女的成長和夫妻年齡的成熟，會使服飾支出比率提高。交際費的支出也有相同的傾向。至於休閒娛樂支出，由於各人生活價值觀的不同，難以一概而論，但是，一般而言，在子女接受義務教育期間及子女完成學業之後，休閒娛樂支出比較高。

最值得注意的是居住費用與教育費用的變化。居住支出在家庭生涯周期中並無顯著的變化，原因是在沒有擁有自用住宅時，雖然需要負擔房租，但是，無須支付自備款和貸款本利；在擁有自用住宅時，雖然無須負擔房租，但是，需要支付自備款和負擔貸款本利，兩者差距並不很大。基於心理上的滿足，一般人還是希望擁有自用住宅，而且大部份都有貸款的負擔，所以在五十歲之前，居住支出比率會隨著年齡的增加而提高，到了五十歲之後，負擔才會逐漸減輕。至於子女的教育費用，在四十五歲之前會持續增加，其後，因子女陸續完成學業，而逐漸減少，到了五十歲之後，則因子女都已完成學業，而急速減少。

■資產

家計資產理論上也是隨著年齡的增加而提高，資產增加最快的兩個時期，是家庭成長期的前期及家庭成熟期，也就是在三十歲至四十歲之間及五十歲至六十歲之間，尤其是家庭成熟期，由於生活費用負擔減少和所得增加的結果，使資產大幅提高。在圖2-4 中，三十歲之前的資產曲線斜率較低，年齡增加對資產增加的影響較小；三十歲至四十歲間，資產曲線斜率較高，年齡增加對資產增加的影響較大；四十歲至五十歲間，資產曲線斜率較小；

五十歲至六十歲間，資產曲線斜率較大；六十歲之後，資產就急
速減少。

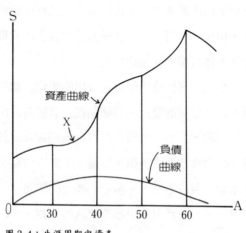

圖 2-4：生涯周期與資產

　　家計資產有金融性資產與實物性資產兩種，年輕時，往往以
金融性資產去購買實物性資產，尤其是不動產，所以儲蓄額不高，
相反地，負債額卻偏高。一般說來，在四十歲前後負債額最高，
在五十歲至六十歲之間，則一方面償還債務，一方面增加金融性
資產，在六十歲退休之時，大部份家計都可還清債務，金融性資
產也達最高水準，然後，以此金融性資產因應老後生活。

參、生涯規劃

　　根據蒙里亮尼 (F. Modigliani) 和布蘭伯格 (R. Brumberg) 的「生
涯周期理論」(hypothesis of life cycle)，個人是以自己的剩餘生存期
間，規劃目前的家計。如圖 2-5 所示，家計會將部份就業期間所獲

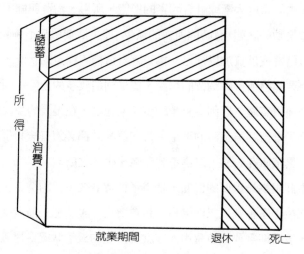

圖 2-5：生涯周期的規劃

得的所得用於儲蓄，以備在退休之後使用，使退休之後能夠維持
一定的消費水準。這個理論是基於下列兩個假設：

　　第一、個人可以預期自己的死亡時期，而計算自己的剩餘生
存期間。

　　第二、就業期間所獲得的所得要在生涯周期內完全使用，毫
無剩餘。

　　這兩個假設當然有所缺失，因爲死亡時期頗難預期，而且在
物價波動條件下，實難正確預估未來的生活費用，尤其是在「留
財產給子孫」的觀念下，這兩個假設更難成立。但是，這個理論
在家庭生涯周期的基礎研究上，仍有重要的參考價值。

　　家計生涯規劃基本上是爲維持生涯周期中經濟的穩定而從事
的規劃。一般家計通常是將每個月的所得用於消費生活與儲蓄，

但是，由於家庭因素或社會因素的影響，所得、消費與儲蓄經常都處於變動的狀態，有時因所得的減少，連生活費用都不夠開銷，需要以儲蓄或借貸加以補足。為了因應這種不穩定的狀況，在平時就需要調整所得與消費的均衡，儘量創造較多的盈餘；同時，要有效運用資產，以創造更多的資產。總之，在漫長的生涯周期中，為了維持經濟生活的穩定，每一個家計都必須有一套規劃的方案，累積庫存資產，以應不時和老後生活之所需。

生涯規劃最重要的目的，是為了維持老後生活的穩定，因為年老之後不僅會喪失工作機會，也會喪失健康狀態，前者喪失了所得，後者則需要更多費用。在就業市場的競爭狀況日趨激烈、工作技能日新月異的經濟社會條件下，高齡勞動者的工作壓力日益沉重，甚至不得不早日退出就業市場，而提早進入老後生活。此外，由於平均壽命的延長，老後生活的期間也相對延長，經濟生活的壓力也相對增加。雖然政府對老人福利措施日趨重視，但是，保障範圍和給付水準仍然偏低，老後生活的壓力依舊偏高，距安枕無憂的理想境界，仍然遙遙無期。

因此，最好的生涯規劃就是不要放棄任何可以儲蓄的機會，而且越早準備越好。在規劃的技巧上，就是要靈活運用資產，而運用的基本原則，就是要分期分散運用資產。例如，在二十歲至四十歲的階段，可以累積金融性資產，因為太早投入實物性資產，負債壓力很大，反而不利。其次，要分散資產的運用，除了投保人壽保險之外，可以從事有價證券的投資，由於年齡較輕，即使有風險，應變能力也較強，最壞也可以等待風險過後再處理。在

四十歲至六十歲的階段，可以累積實物性資產，因為上一階所累積的金融性資產，已足夠從事實物性資產的投資，除了購買不動產之外，貴重金屬、會員卡及收藏品都是可以投資的對象。退休之後，退休金及其他一次領取的退休給付，可以存入金融機構的定期性存款，領取固定的利息，因為老後生活以穩定為主，任何具有風險的投資或儲蓄都不適合。如果每一個月都有固定的利息、房租、政府年金、企業年金等收入，老後生活必可獲得充分的保障。此外，老人也必須從事人力投資，包括健康活力和專業知識的追求。在「活得越久越有利」的現代社會裡，健康是最重要的人生目標，尤其是老人更需注意自己的健康，培養生命的活力，所以任何可以充實健康活力的投資（包括財物或時間的投資）都是值得的。至於專業知識的追求，在「活到老學到老」的現代社會裡，學習不僅是為了精神的充實，也是為了勞動力的培育。由於產業結構的改變，勞力市場的工作性質日趨軟體化，越無性別和年齡的限制，適合老人的工作也越多，所以退休之後，仍要不斷充實自己，參與專業訓練，並尋求再度就業的機會。

除了自己的努力之外，政府亦應為其資深國民辦理一些福利措施，尤其是老人保健服務制度和老年年金制度更是政府責無旁貸的要務。此外，企業亦應為其資深勞動者辦理一些福利措施，尤其是企業年金，更是企業必須實施的福利措施。如果個人、政府和企業都能善盡本份的責任，那麼，老後生活將可在**公共年金**（public pension）、**企業年金**（industrial pension）與**個人年金**（personal pension）的三重給付下，獲得充分的保障。在邁入高齡化社

第 3 章

價格制度理論

第一節 市場價格基礎理論

壹、市場價格的形成

在資本主義制度下，每一種財物或勞務都有其價格 (price)，有些價格是由自由競爭所決定的，謂之競爭價格 (competition price) 或**市場價格** (market price)；有些價格是由少數大企業所決定的，謂之寡佔價格 (oligapoly price) 或**管理價格** (leader price)；有些價格是由政府決定的，謂之官定價格 (authority price) 或**公共價格** (public price)。

一般在市場上買賣的商品 (例如蔬菜、水果、魚肉等新鮮食品)，都是依商品的供給和需求的狀況，而決定價格。如果供給一定而需求增加或需求一定而供給減少，價格就會上漲；如果供給一定而需求減少或需求一定而供給增加，價格就會下跌。其次，供給彈性較低的商品 (例如蔬菜) 和需求彈性較低的商品 (例如生活必需品)，由供需的改變所引起的價格變化就比較大；供需彈性較大的商品，由供需的改變所引起的價格的變化就比較小。最後，在供需一定的狀況下，企業為了擴大自己的市場佔有率，而以有效的經營方式，降低生產成本的結果，也會使市場價格降低。

在優勝劣敗的競爭條件下，某種商品市場可能為少數供給者所寡佔，甚至為一個供給者所獨佔。在寡佔市場或獨佔市場內，供給者可以無視生產力的因素，維持高價水準，致使消費者蒙受

不當的損失。

　　大眾生活不能欠缺的財物或勞務，若價格大幅上漲，必將打擊大眾生活，形成嚴重的社會問題。這些事業通常是由政府經營，並由政府決定合理的價格。有些事業則由政府委託民間經營，但由政府決定價格。一般說來，郵政、電信、社會保險費率和診療報酬及國立學校學費等都由中央政府決定；水、電、瓦斯、公共汽車、計程車、鐵公路運費等是由地方政府決定。當然，公共價格通常必須獲得國會或議會的同意後，始得調整。

貳、市場價格的安定理論

　　當供給等於需求時，市場價格就會趨於穩定，這就是所謂的**均衡價格**（equilibrium price），在均衡價格下的交易量，就是均衡產量（equilibrium　quantity）。市場價格的安定理論，基本上有三種，第一種是以價格為考慮因素者，謂之華勒斯理論（Walrus theorem）；第二種是以產量為考慮因素者，謂之馬歇爾理論（Marshall theorem）；第三種是以價格和產量綜合考慮者，謂之**蜘蛛網理論**（Cobweb theorem）。（圖 3-1）

　　華勒斯理論的主要架構有三：

　　第一、當價格高於均衡價格時（op_1），供給量會大於需求量（$oq_1 > oq_2$），價格就會降低。

　　第二、當價格低於均衡價格時（op_2），需求量會大於供給量（$oq_1 > oq_2$），價格就會上漲。

　　第三、當供給價格等於需求價格時（op_0），供給量等於需求量

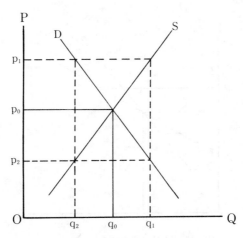

圖 3-1：市場價格的均衡模型

（oq_0），市場價格就會趨於穩定。

馬歇爾理論的主要架構有三：

第一、當產量大於均衡產量時（oq_1），供給價格會高於需求價格（$op_1 > op_2$），產量就會減少。

第二、當產量少於均衡產量時（oq_2），需求價格會高於供給價格（$op_1 > op_2$），產量就會增加。

第三、當供給量等於需求量時（oq_0），供給價格等於需求價格（op_0），市場價格就會趨於穩定。

華勒斯理論和馬歇爾理論都在正常供需模型內才能解釋，在變形供需模型內就無法成立。例如，在**圖 3-2** 的模型內，華勒斯理論就無法成立，因為當價格高於均衡價格時需求量會大於供給量，而使價格上升；當價格低於均衡價格時，供給量會大於需求量，而使價格下跌，於是，均衡價格就無法出現。在**圖 3-3** 的模型

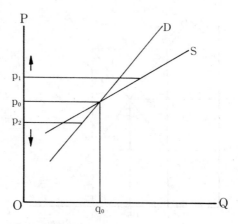

圖 3-2：馬歇爾模型的應用

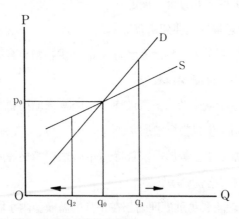

圖 3-3：華勒斯模型的應用

內，馬歇爾理論就無法成立，因為當產量大於均衡產量時，需求
價格會高於供給價格，而使產量增加；當產量少於均衡產量時，
供給價格會高於需求價格，而使產量減少，於是，均衡價格就無

法出現。

蜘蛛網理論是基於以前期價格決定產量及本期產量全部售清兩個假設，茲以**圖 3-4** 加以說明：

第一期：以op_1的價格決定oq_1的產量，由於供給量大於需求量，若全部售清oq_1，只能獲得op_2的價格（即需求價格）。

第二期：以op_2的價格決定oq_2的產量，由於需求量大於供給量，若全部售清，能獲得op_3的價格。

第三期：以op_3的價格決定oq_3的產量，由於供給量大於需求量，若全部售清，只能獲得op_4的價格。

如此循環的結果，會逐漸達到均衡價格（op_0）與均衡產量（oq_0）。

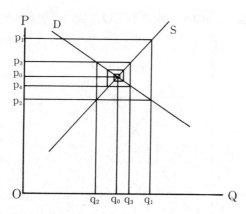

圖 3-4：蜘蛛網理論模型

蜘蛛網理論只能在需求曲線的斜率大於供給曲線的斜率之模型下才能成立。如果需求曲線的斜率小於供給曲線的斜率，就會呈現擴散型（如圖 3-5）；如果需求曲線和供給曲線斜率相等，就會

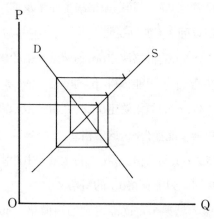

圖 3-5：蜘蛛網理論的應用（擴散型）

呈現固定型（如圖 3-6），兩者都不會達到均衡價格和均衡產量。

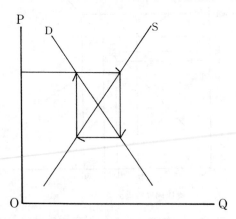

圖 3-6：蜘蛛網理論的應用（固定型）

參、市場價格的變動

　　當市場價格趨於穩定之後，因需求的變化（由於嗜好的改變、所得的增減、其他物價的波動、預期心理的變化等因素所產生的需求曲線的變化）或供給的變化（由於生產因素的改變、生產技術的革新、政府政策的調整、生產者的預期心理等因素所產生之供給曲線的變化），會使均衡價格和均衡產量產生變動。均衡價格的變動有三種狀況，茲分別說明於后：

　　第一、供給曲線不變，需求曲線變動時（圖 3-7），若需求曲線由D右移至D′，價格就由op上升至op′；若需求曲線由D左移至D″，價格就由op下跌至op″。

　　第二、需求曲線不變，供給曲線變動時（圖 3-8），若供給曲線左移至S′，價格就由op上升至op′；若供給曲線由S右移至S″，價格就由op下跌至op″。

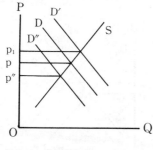

圖 3-7：價格變動狀況之一

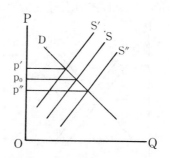

圖 3-8：價格變動狀況之二

　　第三、供給曲線和需求曲線同時變動時，可分爲四種狀況。

第一種狀況是供給曲線往左上方移動，而需求曲線往右上方移動時（圖3-9），均衡點由E上移至E′，價格由op上升至op′。第二種狀況是供給曲線往右下方移動，而需求曲線往左下方移動時（圖3-10），均衡點由E下移至E′，價格由op下跌至op′。第三種狀況是供

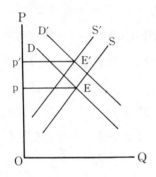

圖 3-9：價格變動狀況之三

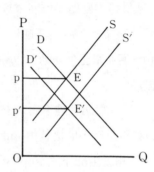

圖 3-10：價格變動狀況之四

給曲線往右下方移動，而需求曲線往右上方移動時，如果供給的變化大於需求的變化（圖3-11），均衡點由E下移至E′，價格由op下跌至op′；如果需求的變化大於供給的變化（圖3-12），均衡點由E

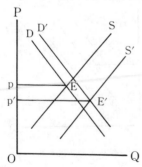

圖 3-11：價格變動狀況之五

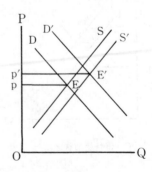

圖 3-12：價格變動狀況之六

上移至E′，價格由op上升至op′；如果供給的變化等於需求的變
化（圖 3-13），均衡點由E平移至E′，價格維持不變。第四種狀況是
供給曲線往左上方移動，而需求曲線往左下方移動時，如果供給
的變化大於需求的變化（圖 3-14），均衡點由E上移至E′，價格由op

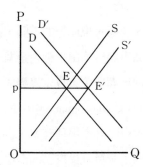

圖 3-13：價格變動狀況之七

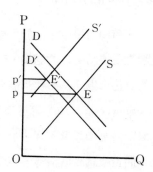

圖 3-14：價格變動狀況之八

上升至op′；如果需求的變化大於供給的變化（圖 3-15），均衡點由
E下移至E′，價格由op下跌至op′；如果供給的變化等於需求的變
化（圖 3-16），均衡點由E平移至E′，價格維持不變。

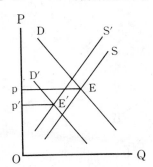

圖 3-15：價格變動狀況之九

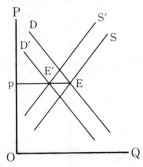

圖 3-16：價格變動狀況之十

第二節 管理價格與公共價格

壹、寡佔價格

　　在自由市場中，由於生產的成本、技術、規模等的不同，而逐漸產生優勝劣敗的結果，致使該商品市場成為由少數大企業支配的寡佔市場。基於利潤極大化的原則，寡佔企業會以**邊際成本**（marginal cost ＝ MC）等於**邊際收益**（marginal revenue ＝ MR）的方式決定價格和產量。寡佔企業為了擴大自己的市場佔有率，當其他寡佔企業調高價格時，不會跟進；為了避免減少自己的市場佔有率，當其他寡佔企業調低價格時，必會跟進。這個特性使寡佔市場的價格具有僵硬性，不為個別成本條件的變動或市場供需狀

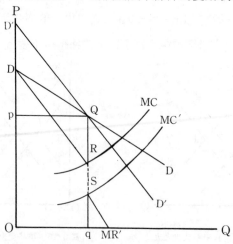

圖 3-17：寡佔市場的瑞茲模型

況的變化所影響。茲以瑞茲模型（P. Sweezy model）加以解釋，圖
3-17 中的DD爲跟進需求曲線，D′D′爲不跟進需求曲線，如果價格
引導者（price leader）調高價格，則其他寡佔企業不跟進，如果價
格引導者調低價格，則其他寡佔企業會跟進，於是，寡佔市場的
需求曲線爲DQD′，呈拗折形，稱爲拗折點的需求曲線（kinked
demand curve），而其相對的邊際收益曲線爲DRSMR′，在RS之間
呈不連續狀態。當邊際成本曲線與邊際收益曲線的交點介於RS之
間時，價格與產量都不會變動，這就是寡佔市場利潤極大化的價
格與產量。如果市場的需求狀況發生變化，致使產量發生變動，
寡佔市場的價格僵硬性依然存在。圖 3-18 中，當市場需求增加

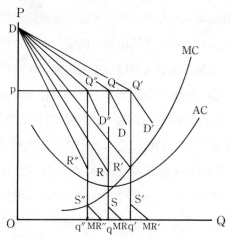

圖 3-18：寡佔市場的價格僵硬性

時，需求曲線由DQD右移至DQ′D′，相對的邊際收益曲線則由
DRSMR右移至DR′S′MR′，只要邊際成本曲線與邊際收益曲線
的交點介於R′S′之間，價格不會改變（依然維持在op的水準），但是，

產量則由oq增至oq′。相反地,當市場需求減少時,需求曲線由DQD左移至DQ″D″,邊際收益曲線則由DRSMR左移至DR″S″MR″,只要邊際成本曲線與邊際收益曲線的交點介於R″S″之間,價格不會改變,但是,產量則由oq減至oq″,由此分析可知,寡佔價格不受市場供需變化的影響,與市場價格的性質完全不同。

貳、聯合寡佔價格

在寡佔市場中,寡佔企業爲了彼此間的惡性競爭,而採取聯合寡佔的組織,分配產量,統一價格,其性質與獨佔(monopoly)相似,也就是由一個獨佔組織以分配方式,由寡佔企業生產。問題是,聯合寡佔畢竟不是單一企業,難以合理分配產量與利潤,所以要達成協議頗不容易,即使達成協議,也易於遭受破壞,因爲破壞協議的價格和產量,對破壞協議的企業較爲有利。茲以石油輸出國家組織(OPEC)爲例,說明石油卡特爾(Cartel)的聯合寡佔。**圖 3-19** 中的(1),是聯合寡佔企業整體的成本結構,基於MR＝MC的利潤極大化原理,OPEC會員國協議決定OP的價格和OQ的產量。根據這個條件,會員國A(圖 3-19 (2))依其本身的成本結構(假設平均成本較低),決定oq_a的產量,獲得$P_aA_aB_aC_a$(即$P_aA_a \times oq_a$)的利潤。另一方面,會員國B(圖 3-19 (3))也依其本身的成本結構(假設平均成本較高),決定oq_b的產量,而獲得$P_bA_bB_bC_b$(即$PbAb \times oq_b$)的利潤。由於會員國間的利潤分配不均,利潤分配較少的會員國可能會破壞協議的價格和產量,調整協議的需求曲線P_b成爲個別需求曲線的dd,而相對的邊際收益曲線則由r調整爲

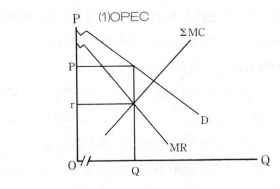

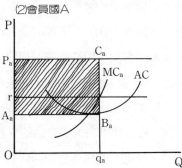

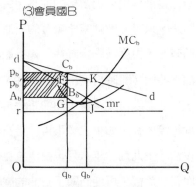

圖 3-19：聯合寡佔市場的價格模型

mr。根據調整後的mr與邊際成本（MC_b）的交點，決定op_b'的新價格與oq_b'的新產量，多生產的石油（q_bq_b'）則在**現貨市場**(spot market)出售，而可獲得FGJK的多餘利潤。

一九七一年，OPEC曾以聯合寡佔的手段調高油價，而造成震撼世界的石油危機（oil crisis），但是，一九八六年，OPEC卻宣布放棄統一油價，允許會員國在一定範圍內，採取波動油價。這項決定無啻承認石油卡特爾的崩潰和穩定油價的事實。造成石油卡特爾崩潰的原因，除了組織本身的脆弱性之外，石油需求的不振也是主要因素。許多國家深受兩次石油危機的痛苦經驗，大都儲藏了長期使用的存油量，不再出現殷切的求油現象。當然，各國也致力於石油能源的節約與替代能源的開發，而使石油需求呈現停滯現象。此外，非OPEC的產油國家也以較低的油價，吸引購油國家，而使OPEC在內、外條件上失去了寡佔的意義。

石油卡特爾的崩潰，使世人有機會重新評估石油的價值，經過幾次的調整，油價已逐漸呈現市場價格的性質，由供需狀況決定價格與產業。問題是，只有少數國家才擁有的石油資源，極可能再度被利用成戰略資源，再度被聯合寡佔，如果產油國不摒棄自私自利之心，石油卡特爾將隨時再度出現。此外，目前的市場價格也有其危險性，只要需求再度遽增，油價將會再度暴漲。如果人類一味追求高度經濟成長，如果人類不再珍惜石油資源，石油卡特爾也會再度復活。一九九○年八月，由伊拉克併吞科威特所爆發的中東衝突與石油危機，再度凸顯了石油的戰略性與卡特爾的威脅性，節約能源或許是二十一世紀人類生活中最重要的課

題。

參、公共價格

電力、自來水、電信、瓦斯、鐵路等公益事業，一般都具有下列幾個特性：

第一、為一般生產與大眾消費的基礎。

第二、大規模生產。

第三、不能轉售。

第四、具有**外部經濟**（external economy）。

第五、固定成本比率偏高。

第六、具有獨佔性。

由此可知，公益事業影響國民的生活經濟甚鉅，不能以獨佔市場的原理（邊際成本等於邊際收益）決定價格，而須以平均成本（P＝AC＝D＝AR）或邊際成本（P＝MC＝D＝AR）的原理決定價格。在平均成本一定的假設前提下，**圖 3-20** 的AC與橫座標平行，而MC因固定成本比率較高，而在AC之下往右下方傾斜。如果政府以獨佔市場的原理決定價格和產量，價格為op_1，產量為oq_1；如果以平均成本的原理決定價格和產量，價格為op_2，產量為oq_2；如果以邊際成本的原理決定價格和產量，則價格為op_3，產量為oq_3。在p_2的價格水準下，公益事業並無特別的利潤或損失，但是，在p_3的價格水準下，價格雖等於邊際成本，卻低於平均成本，也就是說，部份的固定成本無法回收，這個部份就應由政府補償。就長期的資源運用而言，邊際成本原理的公共價格制度，違反了資源配置的效

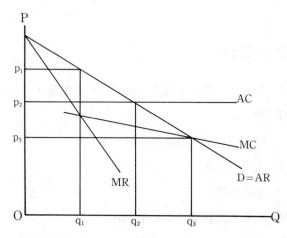

圖 3-20：公共價格的成本結構

率性，不宜長期採用。

　　此外，必須一提的是公共設施（public facilities）的使用價格。**公共財**（public goods）的所有權屬於全體國民，應由全體國民共同使用，而且不應具有排他性，所以理論上應免費提供。但是，免費的結果，不僅會加重政府的財政負擔，也會降低公共財的品質。相反地，如果按照成本結構和市場需求收取費用，則會使低所得者無法使用該項設施，違反了公共財的原則。因此，公共設施的訂價問題並非易事。

　　公共設施若按市場原理訂價，必使價格高於民間設施的價格，因為公共設施受政府預算的限制，供給彈性較小，所以需求的變化對價格的影響較大。假設某種公共設施的供給量固定，社會成員只有A和B兩人，需求曲線為D_A和D_B，那麼，在oq的供給量下，A願意支付op_A的價格，B願意支付op_B的價格，社會全體願

意支付的總價格爲op_T（即$op_A + op_B$），總需求曲線爲D_T。如果總需求曲線由D_T增至D_T'，那麼，總價格就由op_T增至op_T'。（圖3-21）政府基於公共性的考慮，常以政府負擔的方式，壓低公共設施的使用價格，而使需求提高，造成過度使用的現象和設施品質的低落。

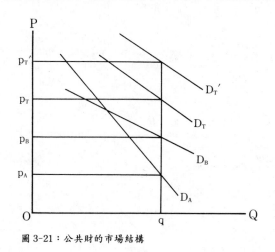

圖 3-21：公共財的市場結構

　　公共設施的合理訂價，應該根據資源的使用效用去決定價格，然後，按照資源的耗損程度調整價格。有些公共設施是由高所得率先使用，例如，高速公路是由有車階層的國民率先使用，國際機場是由有能力出國者率先使用，就社會的整體效用而言，當比由中、低所得者率先使用的總效用爲低，所以這些公共設施的價格在初期應訂得高些，如果需求量因而減少，就適度降低價格，以達資源的充分利用。有些公共設施，如市區內的公園，是由中、低所得者率先使用，就應該免費提供。有些公共設施，如國家公園、動物園或兒童樂園等，是由中、高所得者率先使用，

第三節 物價水準與物價對策

壹、物價指數

　　在探討物價指數之前，必先了解價格 (price) 與物價水準 (price level) 的關係。在市場制度下，每一種商品和服務都有其價格，譬如說，牛肉一斤二百元，襯衫一件一千元，電影票一張一百元等。把各種財物或服務的價格綜合起來，計算其平均價格，就是物價水準。如果物價水準上升了，我們為了維持一定的生活水準，就必須支付更多的貨幣；如果物價水準下降了，我們就可以較少的貨幣，去維持一定的生活水準。

　　每一個時期的物價水準都會有或多或少的變化，若將某一年度定為基期，並將該年度的物價水準訂為一〇〇，那麼，其他各年度的物價水準與基期的物價水準的比率，就是**物價指數** (price index)。物價指數主要有**消費者物價指數** (consumer price index)、**躉售物價指數** (wholesale price index) 及其他物價指數三種。所謂消費者物價指數，是指一般消費者日常購買的商品或服務的價格變動，例如，食品、服飾、水電、醫療等消費支出之項目。所謂躉售物價指數，是指生產者之間所交易的商品價格的變動。例如，農產品、石油、工作機器等。其他物價指數，則有農村物價指數、都市物價指數、一般物價指數等。

　　消費者物價指數的制定方法，第一要選擇商品或服務的項

目，一般說來，每一項商品或服務的支出額要佔家庭支出總額的萬分之一以上，而且品名要十分明確，可以按月調查者。第二要設立基準期，通常是每五年或每十年調整一次。第三要決定計算方法，最常用的公式是：

$$\frac{(p_{t1}q_{t1})+(p_{t2}q_{o2})+\cdots\cdots(p_{tn}q_{on})}{(p_{o1}q_{o1})+(p_{o2}q_{o2})+\cdots\cdots(p_{on}q_{on})}\times100$$

$$=\frac{\sum(p_tq_o)}{\sum(p_oq_o)}\times100$$

p_o：基期價格

q_o：基期購買量

$1\sim n$：商品或服務項目

p_t：測定年度的價格

消費者物價指數與實際生活感受之間，常有差距的現象，歸納起來，有項目的範圍、生活的改變與品質的改變等三個原因。首先，消費者物價指數所選定的項目，只限於生活必需品，而不涵蓋不動產的購買、銀行貸款、稅金及各種保險費等非消費性支出，當這些費用增加時，即使消費者物價指數很低，生活負擔也會加重，而出現差距現象。其次，在基期調整前的五年或十年內，所得結構、消費結構、家庭結構等生活狀況改變很大，就個人的立場而言，如果所得的增加低於消費者物價指數的變動甚多，即使消費者物價指數很低，生活負擔也會加重。最後，消費者物價指數並不反映商品或勞務品質的改善，如果物價是因為品質的改

善而上升，消費者物價指數的上升，就意涵生活品質的提升，其正面意義將高於物價的影響。因此，消費者物價指數只是家庭消費性支出的變動指標，與生活內涵或生活感受並無絕對關係。

貳、物價膨脹

物價膨脹（inflation）的定義雖有各種不同的解釋，但是，一般可以接受的定義是，物價持續上漲的狀態。問題是，持續多少期間？上漲多少程度？才是物價膨脹，則仍無定論。古典學派以太多的貨幣追求太少的商品加以解釋，所以稱爲通貨膨脹，但是，在一個自由化和國際化的經濟體制下，太多的貨幣不一定就會引發物價的上漲，相反地，太少的貨幣也可能產生物價的上漲，所以通貨膨脹的譯名似有待商榷。

物價上漲率越高，期間越長，就表示物價膨脹越激烈。一般說來，如果每年的物價上漲率都很穩定，就稱爲**穩定型物價膨脹**（clipping inflation）；如果每年的物價上漲率呈算術級數的增加（如五％、七％、一〇％），就稱爲**攀升型物價膨脹**（gallopping inflation）；如果每年的物價上漲率呈幾何級數的增加（如二倍、三倍），就稱爲**超級型物價膨脹**（hyper inflation）。

造成物價膨脹的原因，基本上有兩個因素，第一是需求的增加，一般稱爲**需求拉升的物價膨脹**（demand-pull inflation）；第二是成本的提高，一般稱爲**成本推動的物價膨脹**（cost-push inflation）。造成需求拉升物價膨脹的原因，有總體面的因素，例如僱用水準的提高或貨幣供給量的增加；有個體面的因素，例如消費者

人數的增加、嗜好的改變、所得的提高、其他商品價格的上漲或預期上漲的心理等。造成成本推動物價膨脹的原因很多,例如原料價格、勞動報酬、資金成本等的提高、生產技術的落伍、勞動生產力的降低、市場競爭的激烈、租稅的加重、其他商品價格的上漲及預期上漲的心理等。

當景氣衰退時,理論上,供給和需求都會減少,物價也會下跌,這就是所謂的物價緊縮 (deflation),可是,一九六〇年代後,以美國為首的資本主義國家,卻發生了景氣衰退和物價膨脹同時並存的現象,這就是所謂的**停滯性膨脹** (stagflation)。造成停滯性膨脹的原因,可以從商品市場、勞力市場及生產函數三者的關係加以說明。在**圖 3-22** 中,首先,在商品市場上,由於需求的增加 (AD→AD′)而導致價格的上漲($p_0 \to p_1$),於是,供給者的利潤提高,生產增加,在勞力市場上,勞力的需求量就會增加 ($D_L \to D_L'$),工資就會上漲 ($W_0 \to W_1$)。由於工資的上漲,供給者的生產成本就會增加,利潤就會減少,於是,商品供給者的**貨幣幻覺** (money illusion),就會消失,在商品市場上,供給就會減少 (AS→AS′),價格就會上漲 ($p_1 \to p_2$),而在勞力市場上,勞力供給者因貨幣幻覺的消失,而減少勞力供給 ($S_L \to S_L'$),致使工資上漲 ($W_1 \to W_2$)。如此循環的結果,使價格和工資持續上漲。另一方面,在一定的生產函數條件下 (為了方便說明,只以勞力作為唯一的生產因素),當勞力交易量為OL時,國民所得為OY,當勞力交易量為OL′,國民所得為OY′,由於勞力的交易量理論上會在OL和OL′之間移動,所以國民所得也會在OY和OY′之間移動。

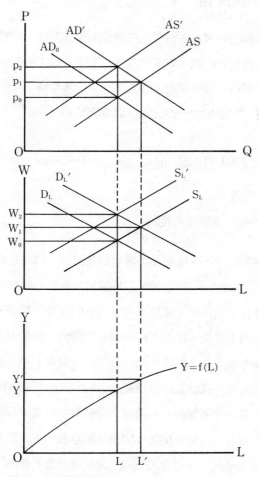

圖 3-22：停滯性膨脹模型

參、物價對策

　　物價膨脹對個人生活會產生實質所得的減少、消費水準的降低、儲蓄價值的貶值、未來生活的不安、投機主義的盛行等負面影響。假定每年物價平均上漲五％，到第十年時，一○○○元的貨幣所得，將變成六一四元。其計算方法為：

$$\frac{U}{a_{ni}} = 1000 / 1.629 = 614$$

U：現值金額

a_{ni}：一定期間後的複利

　　實質所得的減少，會使商品的購買數量減少。以現在的價值標準來說，十年後的一○○○元，只能購買六一四元的商品，消費水準就會降低。相同的，如果不考慮利息的因素，那麼，將一○○○元儲藏到十年後，就剩下六一四元的價值；如果十年中的平均存款利率亦為五％，那麼，把一○○○元儲蓄十年之後，就變成了一六二九元，也就是等於現在一○○○元的價值。因此，存款利率必須高於物價膨脹率，儲蓄才會有附加利益，否則，不僅不會有附加利益，更會有損失。物價膨脹越激烈，人們對於未來的生活越感不安，尤其對於因失業、傷病或年老而無法工作時生活更感不安。為了因應生活上可能產生的不穩定，人們必會從所得中分配更多的比率從事儲蓄或投資，尤其是獲利率較高的投機性投資，例如，地下投資、股票投資等等。這些高風險的投資一旦

失敗，便直接威脅到個人生活，甚至傾家蕩產。因此，物價膨脹對個人的經濟生活影響甚鉅，個人必須思謀對策，才能穩定家庭生活。

家庭的物價對策一般有不購買、購買行為的合理化、減少不必要的浪費及增加收入等措施。具體而言，下列幾種對策或許可供參考。

第一、不買使用性較低的商品，凡購買的商品都徹底加以使用，直到不能使用為止。

第二、為了購買較便宜的商品，必須花時間比較，選擇較便宜的商店購買。

第三、家庭使用的水、電、瓦斯和電話費要儘量節省。

第四、減少購買服飾，舊服飾要充分使用。

第五、即使價格稍貴，也應該購買耐用度較高的商品。

第六、減少休閒旅遊支出。

第七、調整家庭預算，採行計劃性消費。

第八、利用業餘時間，從事臨時性工作，以增加家庭收入。

第九、提前購買必要的商品。

第十、基於營養考慮，調整飲食內涵，減少外食次數。

第十一、減少購物次數。

第十二、減少購買耐久性消費財。

第十三、參加消費合作社，以購買較便宜的商品。

第十四、減少家庭成員的個人經費。

第十五、增進理財知識，調整家計結構。

物價膨脹對總體經濟會產生**所得重分配**（income redistribution）和降低就業水準兩種負面效果。在所得重分配方面，家庭實質所得會減少，企業的實質利潤會增加，因為企業以較低廉的價格購入原料或商品，卻以較高的價格出售商品，利潤當會增加。因此，物價膨脹的結果，會使消費者的所得移轉至生產者，而使所得分配不均。此外，儲蓄者的實質利息會減少，而貸款者的實質利益會增加，尤其是物價膨脹率遠超過存貸款利率時，貸款者的利益更大。因此，物價膨脹的結果，也會使儲蓄者的所得移轉至貸款者，而使所得分配不公平，更會影響儲蓄意願與資本的形成。物價膨脹的所得重分配效果，會使貧者越貧，富者越富，而造成嚴重的社會問題，對社會整體具有強烈的負面意義。在降低就業水準方面，需求拉升的物價膨脹會使供給者的利潤增加，而提高產量和僱用量；成本推動的物價膨脹則會減少需求，而使供給者減少產量和僱用量。需求拉升的物價膨脹雖會增加僱用量，但也會提高工資水準，致使供給者產生貨幣幻覺的消失，而減少產量和僱用量。因此，就長期觀點而言，需求拉升的物價膨脹也會降低就業水準。

政府的物價對策基本上有財政政策、貨幣政策、貿易政策、所得政策、禁止獨佔及個別價格管制等措施。其主要內涵如下：

第一、財政政策──減少政府公共投資、課徵消費稅或所得稅。

第二、貨幣政策──控制貨幣發行量、提高存貸款利率、貸款限制、調高必要準備率及發行政府公債等。

第三、貿易政策——貿易自由化、降低進口關稅、購買廉價石油等。

第四、所得政策——政府應與企業協商，儘量不提高物價；並與工會協商，儘量不要求加薪。

第五、禁止獨佔——制定禁止獨佔和寡佔法、制定消費者保護法、維護市場機能的正常運作等。

第六、個別價格管制——米價管制、電力、電話、瓦斯、自來水、郵政、鐵路等公益事業價格的管制。

此外，石油價格與物價膨脹的關係十分密切，如果石油危機再度出現，物價將會再度狂飆，國民經濟將再度受到打擊。油價上漲會使生產成本加重，影響投資意願，削弱出口商品的競爭能力，進而妨害就業水準與經濟成長。油價上漲也會使利率水準提高，造成所得分配的不均，也會使政府採取**緊縮政策**（tight-policy），減少公共投資與貨幣供給，造成經濟衰退。因此，國人應隨時提高警覺，及早因應油價的波動，尤其是政府的油價政策，更是攸關能源成本、物價水準與經濟成長的重要關鍵。下列幾個原則或許可供政府及民間產業的參考。

第一、政府應該放寬「契約供油制」，准予向現貨市場或其他非OPEC國家採購較廉價的石油。

第二、政府應該籌設「油價平穩基金」，將吸收的油費統籌運用，並作有效投資，以備油價再度上漲之時，有充分的基金可以紓緩國內的油價壓力。

第三、政府應該加強耗油工業，如石化、電力、煉鋁、水泥、

造紙、鋼鐵等的能源管理，防止能源的浪費。

　　第四、民間產業應該改善生產設備、調整生產規模、改良技術和品質、提高勞動生產力，並配合政府政策，節約能源，開發替代能源。

家庭所得理論

第一節　家庭所得基礎理論

壹、家庭所得的因素

　　影響家庭所得的因素有內部因素與外部因素兩種，內部因素有家計支持者的年齡、家庭就業人數及家庭就業者的行業等；外部因素有景氣變動與物價波動等。根據我國個人所得分配調查報告，七十八年度，我國依年齡分的每戶平均可支配所得，以五十至五十四歲組最高，四十五至四十九歲組次之，而以六十五歲以上組最低，由**圖 4-1** 可知，隨著家計支持者年齡的增加，家庭可支配所得也相對增加，但是，超過五十四歲之後，家庭可支配所得則相對減少，而六十歲以上之家庭可支配所得，則只佔全體平均

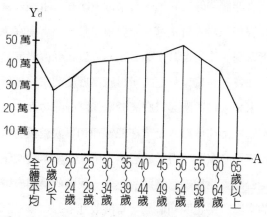

圖 4-1：平均每户可支配所得依年齡分（78 年度）

的五六‧五％，佔最高所得組的四八‧三％。可見，家計支持者的年齡與家庭所得有密切關係。

　　一般說來，家庭就業人數越多，家庭所得也越高，但是，如果家庭成員的勞動所得偏低，即使就業人數較多，家庭所得也未必較高。例如，我國家庭所得的第一分位組（即最低所得階層）家庭就業人數佔家庭人口數的比率，竟高於第二、第三及第四分位組；而第二分位組（即次低所得階層）則高於第三、第四及第五分位組。可見，低所得階層的貧窮原因並非就業人數較少，而是勞動所得偏低所致。在所得分配明顯不均的社會裡，家庭就業人數與家庭所得的關係並不顯著，有些家庭一人工作，即可享受富裕的生活，有些家庭多人工作，仍然不足以糊口。

　　家庭就業者的行業影響家庭所得至鉅，就以我國家庭的可支配所得為例，非農業經理管理和專業受僱者家庭的可支配所得最高，依次為非農業僱主家庭、農業僱主家庭、軍職人員家庭、文書推銷和服務工作人員家庭、非農業自營作業者家庭、非農業體力勞動者家庭、農業自營作業者家庭、農業受僱者家庭及其他家庭。一般而言，非農業家庭的所得應高於農業家庭，僱主家庭高於受僱者家庭，白領階層家庭高於藍領階層。然而，我國的非農業僱主家庭所得卻低於非農業經理管理和專家受僱者家庭，而非農業自營作業者家庭所得卻屈居第六位，我國非農業僱主和自營作業者是否誠實納稅頗值懷疑。此外，我國的農業自營作業者和受僱者的家庭所得也明顯偏低，有待改進。

　　關於外部因素的景氣變動和物價波動，理論上，經濟景氣時，

就業率和工資率都會提高，家庭所得也會增加，而物價越高，家庭的實質所得就越低。所謂景氣變動，一般有規則性變動和不規則性變動兩種，前者是正常的景氣循環，也就是復甦（recovery）、繁榮（prosperity）、衰退（recession）、蕭條（depression）的規則性循環；後者是突發的變動，例如，自然災害、戰爭、重大發現或發明、緊急的經濟政策等因素，而造成異常的景氣變動。景氣變動和物價波動是社會整體的現象，非個人可以左右，為了穩定家庭經濟，個人唯有從開源與節流兩方面去規劃家計，才是最佳的家計設計者。

貳、家庭所得的結構

家庭所得的結構包括勞動所得、財產所得、事業所得與移轉所得。關於勞動所得，一般包括經常性勞動所得與臨時性勞動所得兩種，前者如底薪、職務加給、房租津貼、食物代金、子女教育補助費等；後者如加班費、工作獎金、三節獎金、紅利、差旅費、交際費等。所謂勞動者，並不限定受僱於企業的受僱者（包括白領階級和藍領階級），也包括受僱於政府的公務人員和軍人以及受僱於家庭的傭人。勞動所得是勞動者犧牲**時間偏好**（time preference），提供勞力的基本目的，因為勞動所得不僅是勞動者維持家庭生活的主要來源，也是追求快樂生活的重要依據。勞動所得或許是痛苦的報酬，但是，若無勞動所得，勞動者將更為痛苦。由於勞動所得所涉及的範圍較廣，將在下節中詳細分析，本節只以財產所得和事業所得加以介紹，而在財產所得中，只以土地和資

本代表金融資產和實物資產加以說明。

土地報酬是土地所有人提供土地所換取的報酬。由於土地是有限的資源，而希望使用土地者卻大有人在，因而產生了土地價格，使提供者獲得報酬。土地價格（或報酬）主要受下列兩個因素所左右：

第一、土地的肥沃度和方便性——土地具有自然的性質，有些土地比較肥沃，農作物收成也比較好，有些土地則位於交通方便、人士眾多的商業區，這種土地的價格自然就比較高，即使土地所有人不做任何努力，這種土地的價格也會節節上漲，這就是不勞而獲的報酬。

第二、土地改良——土地所有人投入勞力或資本，以增加土地的肥沃度或方便性，例如，以施肥改良農地或以建築設施增加方便，都可以使地價增值。如果增加的地價與投入的成本相同，就不是不勞而獲的所得；如果增加的地價超過投入的成本，超過的部份就是不勞而獲的所得。土地價格如何決定呢？一般是由政府對全國土地分區評鑑，並定期公告，這就是所謂的公告地價。但是，一般民間的交易價格往往高於公告地價，因為土地的供給彈性很小甚至是無彈性，而土地需求若不斷增加，就會使地價大幅上漲。**圖 4-2** 的公告地價為r_1，如果土地的供給稍具彈性 (S)，當土地的需求曲線由D移至D′時，地價就由r_1上漲至r_2；如果土地的供給完全無彈性 (S′)，當土地的需求曲線由D移至D′時，地價就由r_1上漲至r_3。因此，土地的供給彈性越小，地價的變動越大；土地的需求越多，地價的漲幅越高。

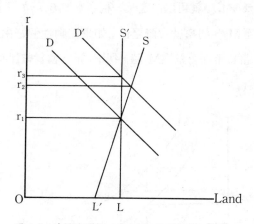

圖 4-2：地價的形成

　　資本報酬是資金所有者提供資金所獲取的報酬。由於資金並非實物，無法出售換取貨幣，所以只能出借，換取利息。資金（或貨幣）具有完全的流動性（liquidity），無須花費時間去換取其充分價值的貨幣，所以一般人都有保有貨幣的偏好，這就是所謂的**流動性偏好**（liquidity preference）。那麼，利率（interest rate）與流動性偏好有什麼關係呢？這個問題必須從三方面加以說明：

　　第一、所得與貨幣保有量的關係——所得越高，貨幣保有量就越多，通常可以用M=f(Y)來表示，也就是說，貨幣保有量是隨所得的高低而變動。

　　第二、流動性偏好與貨幣保有量的關係——流動性偏好越高，貨幣保有量就越少，流動性偏好越小，貨幣保有量就越多。

　　第三、流動性偏好、貨幣保有量與利率的關係——**圖 4-3** 在某種流動性偏好的條件下（假設流動性偏好曲線為L），某種程度的貨幣

保有量（假設為M_1），就可以決定某一利率水準（r_1）。如果貨幣保有量由M_1增至M_2，利率就會降至r_2；如果流動性偏好由L右移至L′，那麼，當貨幣保有量為M_1時，利率為r_3，當貨幣保有量為M_2時，利率為r_4。

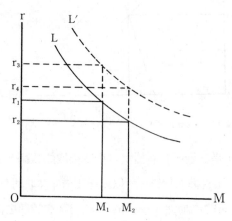

圖 4-3：流動性偏好，貨幣保有量與利率的關係

　　事業所得是事業經營者提供資金、設施、設備、原料和管理而獲得的報酬。事業經營者雖和勞動者一樣提供勞動，但是，除了勞動之外，還需提供資金、設施……等，同時，也必須負擔事業經營的風險（risk）。因此，在利潤分配上，當然要比受僱勞動者為多，這不僅是資本主義的重要本質，也是合理主義的分配方式。問題是，事業經營者常以不合理的分配比率，榨取事業利潤，剝奪勞動者的剩餘價值，因而產生了所得分配的不均與階級的對立。為了消弭這種資本主義經濟體制的缺失，合理的工資制度、健全的租稅制度與充實的社會福利制度是必須建立的。事業經營

者的合理報酬不僅是促進勞資和諧的必要條件，也是增進社會均衡開發的重要基礎。

參、家庭所得的分配

由於勞動所得、財產所得、事業所得及移轉所得等的不同，家庭所得當然會有不同。關於家庭所得的分配狀況，政府主計單位都會定期調查，但是，能夠具有多少確實性，就不得而知了，尤其是財產的擁有狀況和事業經營利益，更難確實掌握。此外，調查的對象、調查的方式和分析方法亦有不同，在處理所得分配時，必須十分慎重。關於家庭所得分配的測定方法，雖然統計技術已十分發達，但是，迄今仍無完整無缺的理論，而且根據不同的理論所測定出來的結果，也互有差異，這是讀者必須注意的。下列幾個法則只是提供讀者參考而已，讀者仍有進一步研究的必要。

■巴勒圖法則（Pareto Law, 1897）

義大利經濟學家巴勒圖（Vilfredo　Pareto）對於測定家庭所得差距的方法，是以X代表家庭所得金額，以N_x代表自高所得階層累積之家庭數，並由此獲得下列的近似關係，並依此關係可以作出**表 4-1** 的計算模型，其推理過程如下：

$$N_x = A / X^a$$

$$\log Nx = \log A - a \log X$$

所得金額 (X)	家庭數 (N)	累積家庭數 （Nx）	$\log_{10}X$	$\log_{10}Nx$	$\log_{10}X \cdot \log_{10}Nx$	$(\log_{10}Nx)^2$
10	4	20	1.00000	1.30103	1.30103	1.69268
20	9	16	1.30103	1.20412	1.56660	1.44990
30	3	7	1.47712	0.84510	1.24831	0.71419
40	2	4	1.60202	0.60206	0.96451	0.36248
50	1	2	1.69897	0.30103	0.51144	0.09062
100	1	1	2.00000	0.00000	0.00000	0.00000
Σ	20		9.07918	4.25334	5.59189	4.30987

表 4-1：巴勒圖法則的計算模型

$$\therefore \begin{cases} \Sigma(\log Nx) = 6A + a\Sigma(\log X) \\ \Sigma(\log Nx \cdot \log X) = A\Sigma(\log X) + a\Sigma(\log X)^2 \end{cases}$$

$$\text{即} \begin{cases} 4.25334 = 6\,A + 9.07918\,a \\ 5.59189 = 9.07918\,A + 4.30987\,a \end{cases}$$

$$A = 2.87751$$

$$a = -1.43314$$

$$\therefore \log Nx = 2.87751 - 1.43314\,X \quad (r = -0.96668)$$

根據這個計算模型，可以作出**圖 4-4** 的**巴勒圖線**（Pareto line）。橫座標為家庭所得金額的對數（即logX），縱座標為自高所得階層累積家庭數的對數（即logNx），實線部份就是根據**表 4-1** 中logX和logNx的關係所作出的直線，虛線部份就是一次迴歸線，也就是

「巴勒圖線」,而巴勒圖線與橫座標的角度a(－1.43314)就是巴勒圖線的方向斜率,也就是**巴勒圖係數**(Pareto coefficient)。a的值越小,就表示家庭所得分配的不均等度越小;a的值越大,家庭所得分配的不均等度就越大。如果不用家庭數而用家庭所得加以計算,將會產生a值越大,不均等度越小的矛盾,這是巴勒圖法則的最大缺失。雖然巴勒圖法則已不為學界採用,但是,仍可作為研究所得分配均等度的參考。

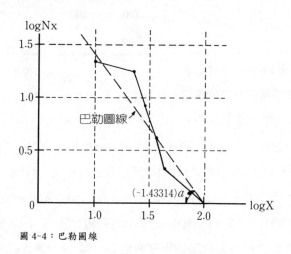

圖 4-4:巴勒圖線

■羅倫斯曲線(Lorenz Curve,1905)

美國經濟學家羅倫斯(Max Otto Lorenz)以累積家庭數和累積家庭所得金額的關係,測定家庭所得分配的均等度。羅倫斯曲線的計算模型(表4-2),是將所得階層分為六等分位,由其累積家庭數比率和累積家庭所得比率的關係可以看出,最高所得分位的家庭數佔全體家庭數的五%,但是,所得金額卻佔全體所得的一八・

家庭所得 (X)	家庭數 (n)	累積家庭數 (N)	累積家庭數比率 （N%）	家庭所得金額 （n·x）	累積家庭所得 (Z)	累積家庭所得比率 （Z%）
10	4	20	100.0	40	540	100.0
20	9	16	80.0	180	500	92.6
30	3	7	35.0	90	320	59.3
40	2	4	20.0	80	230	42.6
50	1	2	10.0	50	150	27.8
100	1	1	5.0	100	100	18.5
合 計	20			540		

表 4-2：羅倫斯曲線的計算模型

五％；次高所得分位的家庭數佔全體的五％（累積家庭數佔百分之一
〇％），而所得佔全部的九‧三％（累積所得佔二七‧八％）；第三分位
組的家庭數佔一〇％（累積家庭數佔二〇％），所得佔十四‧八％（累
積所得佔四二‧六％）；第四分位組的家庭數佔十五％（累積家庭數佔
三五％），所得佔一六‧七％（累積所得佔五九‧三％）；第五分位組的
家庭數佔四五％（累積家庭數佔八十％），所得佔三三‧三％（累積所得
佔九二‧六％）；第六分位組的家庭數佔二十％（累積家庭數爲一〇
〇％），所得只佔七‧四％（累積所得爲一〇〇％）。可見，家庭所得分
配顯然不均。根據這個計算模型，就可以作出**圖4-5**的羅倫斯曲
線。橫座標爲累積家庭比率，縱座標爲累積家庭所得比率，首先，
二〇％的最低所得階層只擁有七‧四％的所得，交點爲a；依序可
以得出b、c、d、e、f各點，連絡各點即成羅倫斯曲線。對角線的
「所得均等線」（equality line）與羅倫斯曲線之間的面積就是家庭

所得分配的不均等度,面積越大,所得分配越不平均;面積越小,所得分配就越平均。易言之,羅倫斯曲線越接近所得均等線,家庭所得分配就越平均。羅倫斯曲線與所得均等線的面積即使相等,羅倫斯曲線可能傾向低所得階層,也可能傾向高所得階層,致使所得分配的均等度互異,這是在應用羅倫斯曲線時,必須特別注意的。

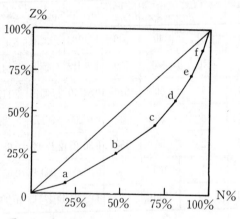

圖 4-5:羅倫斯曲線

■吉尼法則(Gini's Law, 1922)

　　義大利的人口統計學家吉尼(Colrado Gini)根據巴勒圖法則,以對數方法比較自高所得階層累積之家庭數的對數logN與自高所得階層累積之所得金額的對數logX之間的關係,並依此關係可以作出吉尼法則的計算模型(表4-3),其推理過程如下:

$$Ns = Sn^{\delta} \Big/ c$$

$$logNs = \delta logSn - logC$$

$$\begin{cases} \Sigma(\log Ns) = 6\,C + \delta\Sigma(\log Sn) \\ \Sigma(\log Ns \cdot \log Sn) = C\Sigma(\log Sn) + \delta\Sigma(\log Sn)^2 \end{cases}$$

即 $4.25334 = 6\,C + 14.47433\,\delta$

$10.99887 = 14.47433\,C + 35.33932\,\delta$

$\therefore logNs = 1.75087\,logSn - 3.51489$　(r = 0.99119)

家庭所得 (X)	家庭數 (n)	累積家庭數 (Ns)	所得金額 (n·x)	累積所得 (Sn)	$log_{10}Ns$	$Log_{10}Sn$	logNs·logSn	(logSn)²
10	4	20	40	540	1.30103	2.73239	3.55492	7.46596
20	9	16	180	500	1.20412	2.69897	3.24988	7.28444
30	3	7	90	320	0.84510	2.50515	2.11710	6.27578
40	2	4	80	230	0.60206	2.36173	1.42190	5.57777
50	1	2	50	150	0.30103	2.17609	0.65507	4.73537
100	1	1	100	100	0.00000	2.00000	0.00000	4.00000
Σ	20		540		4.25334	14.47433	10.99887	35.33932

表 4-3：吉尼法則的計算模型

根據這個計算模型，就可以作出**圖 4-6** 的**吉尼線**（Gini line），而 δ 就是吉尼線的方向斜率，也就是吉尼係數（Gini coefficient）。δ 值越小，家庭所得分配越接近所得均等線；δ 值大，表示家庭所得分配越不平均。吉尼係數與巴勒圖係數的關係為：

$$\delta = a/(a-1)$$

也就是說，兩者為相反關係。吉尼一方面指摘巴勒圖所謂所得集

中度不變的理論，一方面強調吉尼係數的敏感性。但是，以自高所得階層累積之所得金額和以自低所得階層累積之所得金額計算的結果卻相反，這是吉尼法則尚難以自圓其說的缺點。

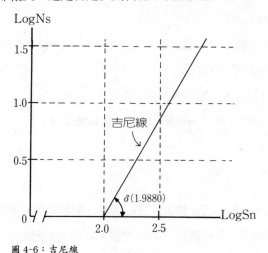

圖 4-6：吉尼線

■吉布拉特法則（Gibrat's Law ,1931）

法國統計學家吉布拉特(Robert Gibrat)以**對數常態分配**(lognormal distribution) 的方法，說明所得分配的狀況。一般的**常態分配**（normal distribution）必須具有下列三個條件：

第一、要有眾多的變數存在。

第二、各個變數間完全獨立。

第三、各個變數對整體的影響極小。

吉布拉特指摘第三個條件的不可能，從而提出「**比例效果法則**」（effect law of proportion），也就是各個變數間都有某種比例的依存關係。

假設Z＝logX

　　則微分之後

　　　dZ／dX＝1／X

　　　dZ＝dX／X

即dX依存於X。這個關係存有某種程度的比例。吉布拉特將所得X修正爲X_0，而使

　　　Z＝a log(X－X_0)＋b

假設logx的平均值（average）爲m，標準偏差爲 σ

　　則a ＝$\sigma／\sqrt{2}$

　　　b ＝$m／(\sqrt{2}\sigma)$

　　因此，σ 越小或 a 越大，家庭所得分配越平均。吉布拉特法則雖在實證上尙有待商榷，但是，對於家庭所得分配的統計理論，卻提供了重要的研究方向。

第二節 勞動所得與相關問題

壹、勞動報酬學說

　　勞動所得就是廣義的工資，同一個人的勞動所得中，可能有數種工資所得，例如，在本業之外尚有兼差的收入。影響勞動所得者當然就是工資，如果工資水準提高了，勞動所得自然就會增加。本節雖以勞動所得標示，卻以工資加以說明，目的在使標題能與家庭所得相契合，使內涵與標題相貫通，希望讀者了解。

　　工資是一種勞動報酬，也就是僱用單位根據個人的貢獻程度所提供的報酬。由於個人的能力不同，工資就有差異，有時，也因為雇主的偏見，而造成工資的歧視。一般說來，工資水準越高，工資差距就越大，工資的歧視也越明顯。決定工資水準的學說主要有下列三種：

　　第一、生存說（subsistence theory）──亞當史密斯主張，工資水準應以足付勞工的生活為原則，否則，勞工就無法豢養家人，種族就無法延續。但是，古典學派進一步認為，工資如果超過生活的基本費用，勞力的供給就會增加，而使工資下降。相反地，如果工資低於生存費用，勞力的供給就會減少，而使工資上升。因此，就長期觀點而言，工資率（即每小時的平均工資）會維持在生活基本費用的水準。這就是拉薩爾(Ferdinard Lassalle)所謂的**工資鐵則**（iron law of wage）。

第二、勞動生產力說（productivity theory）──克拉克（John B. Clark）認為，勞動價值應該等於生產物的**邊際產量**（marginal product），也就是說每小時的平均工資應該等於每增加一小時勞動所能產生的總產值。克拉克強調，只要採用競爭的原理，勞工應該獲得其所生產的財物。馬歇爾(Alfred Marshall)進一步認為，工資並非單純地受勞力的供給和需求所左右，而是受支配勞力供需的各種因素所影響，其中，勞動生產力就是一個重要的因素。其他，如資本、自然資源、技術等，都是影響勞力供需的因素。

第三、議價說（bargaining theory）──工會力量的擴張，增長了以議價方式決定工資的重要性，藍洛普（John Thomas Dunlop）等學者對議價的工資理論，已獲得很大的成就。目前，歐美及日本等先進國家大都以這種方式決定工資率。除了工資之外，工會也要求勞工福利及工作條件的改善。因此，近代的工資觀念並不純指貨幣工資，也包括其他**周邊利益**（fringe benefits），例如，社會保險、福利措施及退休制度等等。

綜合上述的學說，我們可以獲得一個概念：基本上，工資是根據生存費、一般工資水準(prevailing wage)及個人能力(individual ability)而決定，並參酌勞動生產力、消費者物價及經濟成長率的變動狀況而調整。至於工資的調整能否順利達成，就視勞工交涉權的大小而有不同的結果。

貳、工資與職位制

在傳統社會裡，工資的高低與職位有密切關係，職位越高，

工資就越多。企業通常會根據比較工資、生活費、付薪能力、勞動生產力、購買力及勞力供給等各種因素設定**上限工資**（maximum wage）、**中間工資**（midpoint wage）及**下限工資**（minimum wage）（如圖 4-7）。如果企業決定採用中間工資，那麼，職位（按等級區分）由 a_1 擢升至 a_2 時，工資即由 b_1 調高至 b_2。

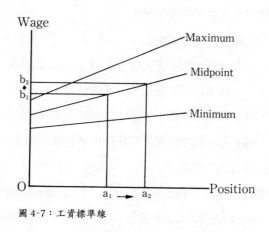

圖 4-7：工資標準線

職位制是以職位作為評估勞動生產力的基礎以及支付勞動報酬的依據，也就是每一種職位都涵蓋一定量的工作（task），任何人接任這個職位，只要能夠完成這些工作，就應該享有相對的勞動報酬。在這種制度下，對個人能力及勞動生產力的評估是不需要的，對個人的先天條件，如性別和種族的歧視也是不需要的。因此，職位制就符合了同工同酬的原則。職位制對於確保勞力能夠發揮很大的效果，因為個人為了晉升較高的職位，必不輕易跳槽。此外，職位制對於企業意識的培養、人際關係的協調及家族企業的管理亦具正面作用。

實施職位制的結果，必然產生**資深制**（seniority system）及**終身僱用制**(life-time employment)，因為勞工的經驗年數是職位晉升的重要因素，久而久之，高職位者均將為資深者。這些人不到退休絕不輕易離職，形同終身僱用。由於競爭較高職位者眾多，必有許多人無法如願，而極易產生不滿情緒和工資的差距。總之，採用職位制可能產生下列幾種缺失：

第一、年輕員工的低工資化。

第二、能力、技術和生產力的被忽視。

第三、中、高齡員工的充斥及士氣的沉滯。

第四、為了保障終身僱用，必會降低工資率。

第五、為了彌補制度缺失，必將採用各種津貼制度，而使基本薪資佔工資的比率逐漸下降。

為了避免這些缺失，或許有人認為，同工同酬是消除**工資歧視**(wage discrimination)的良策，但是，同工同酬的結果，可能會阻礙創新和勞動生產力的提升。公務人員的行政效率所以難於提升，與同工同酬的原則當有密切關係。又如女性勞工限於體力、生理和心理的差異，在從事某些特殊工作時，工作效率往往低於同職位的男性勞工。若要企業一律採用同工同酬的原則似有困難，而且極易產生各種缺失。

參、工資與能力制

如果企業不以勞工的職位作為核薪的依據，而是按照勞工的貢獻程度加以決定，就是能力制。在能力制度下，即使相同職位

的人也有不同的薪資。至於能力的認定標準，通常是以勞動生產力（productivity）作為主要依據。工會和資方在進行勞資交涉時，大都以勞動生產力作為議價基礎。所謂勞動生產力，就是每小時的**生產價值**（value of output）。當然，勞工並非決定勞動生產力的唯一因素，其他諸如工廠設備、工具及管理都會直接影響勞動生產力。但是，勞工的素質（例如，熟練的技巧和認真的工作）仍是最重要的因素。從勞工的立場來說，能力越高，工作效率和勞動生產力也越高，當然有權利要求較高的工資。就企業的觀點而言，支付較高的工資，可以提高工作效率和勞動生產力，促進勞工的能力。

工資與勞動生產力之間，存在一種良性的循環關係，也就是工資可以促進勞動生產力；而勞動生產力也可以提高工資。如**圖4-8** 所示，在某一工資函數曲線下，[W=f(P$_t$)] 當工資由W$_1$增至W$_2$時，勞動生產力可由P$_{t1}$增至P$_{t2}$。另一方面，也可以說當勞動

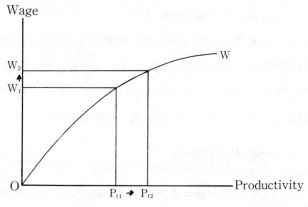

圖 4-8：工資函數曲線

生產力由P_{t1}增至P_{t2}時，工資可由W_1增至W_2。一般說來，工資的增加率要低於勞動生產力的增加率，因為勞動生產力的增加並不完全歸功於勞工，仍有很大部份是由企業的生產設備、研究發展、市場戰略以及冒風險所造成，這些部份應由企業所享有。馬克斯將不反映於工資的勞動生產力視為剩餘價值的剝削，是不正確的看法。

如果勞動生產力降低，工資是否應該減少？關於這個問題，從常理和實情上來說，答案是否定的，因為一般勞工通常無法忍受工資的削減，如果企業強行削減工資，必會造成勞工，特別是熟練勞工的離職，間接影響企業的經營。再說，勞動生產力降低，經營者也應該承擔很大的責任，不能完全歸咎於勞工。因此，當勞動生產力降低時，企業應該加強員工的管理、生產設備的改善、商品市場的開發、產品品質的革新及經營方式的改善，而不應該以降低工資，作為處罰勞工的手段。另一方面，勞工也應該努力奮發，充分合作，以提高勞動生產力。

因此，勞動生產力提高時，企業就應該合理地調升工資，不應該假藉各種理由拒絕調薪。相反地，如果勞動生產力沒提高，甚至降低，理論上，員工不該要求調薪，但是，如果消費者物價波動很大，企業基於保障勞工的立場，應該主動調高工資。

肆、工資與教育投資

工資決定於**邊際勞動生產力**(marginal productivity)，而邊際勞動生產力則決定於個人的勞動能力，而勞動能力則決定於學校教

育和職業訓練的效果，因此，**教育投資**（education investment）是獲得較高工資的主要手段。美國經濟學家雷尼森（E. F. Denison）曾在〈教育、經濟成長與資訊差距〉（Education,Economic Growth and Gaps in Information）的論文中，以實證方法證明，一九二○年至一九五七年間，美國勞工的教育量每年平均增加二％，勞動質每年平均增加○‧九七％，實質國民所得每年平均增加○‧六七％。（*The Journal of political Economy,* Vol. 70, No. 50, Part 2, Oct. 1962, pp. 124-127）可見，教育量與勞動質和國民所得之間有極密切關係。

　　教育年數與工資水準的關係，可以用一個最簡單的模型加以說明。在**表 4-4** 中，Y_0為未曾受過教育者的工資，如果接受一年的教育，就要失去當年的工資，但是，第二年便可獲得$Y_0(1+r)$

工作年數＼教育年數	1	2	3	……	N-1	N	N+1
0	Y_0	Y_0	Y_0	……	Y_0	Y_0	Y_0
1	0	$Y_0(1+r)$	$Y_0(1+r)$	……	$Y_0(1+r)$	$Y_0(1+r)$	$Y_0(1+r)$
2	0	0	$Y_0(1+r)^2$	……	$Y_0(1+r)^2$	$Y_0(1+r)^2$	
⋮	⋮	⋮	……		⋮	⋮	⋮
⋮	⋮	⋮	……		⋮	⋮	⋮
N	0	0	0	……	0	0	$Y_0(1+r)^n$

說明：N ＝年度

　　　　Y_0＝未曾受過教育者的工資

　　　　r ＝工資增加率

表 4-4：教育年數與工資水準的基本模型

的工資（r爲工資增加率）；如果接受N年的教育，就要失去N年的工
資，但是，在(N＋1)年時便可獲得$Y_0(1+r)^n$的工資。易言之，接
受N年的教育後，每年可比未接受教育前多獲得$Y_0[(1+r)^n-1]$
的工資。

我們可以進一步以大學畢業生和高中畢業生爲例，說明教育
投資與生涯工資的關係。在**圖 4-9** 中，橫座標爲勞動年齡（假設六

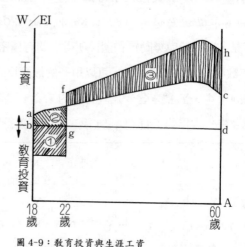

圖 4-9：教育投資與生涯工資

十歲退休），縱座標爲工資與教育投資。高中畢業生可從十八歲起
開始工作，在十八歲至二十二歲的四年之間，可以獲得②的工資，
而無需任何教育投資；在十八歲至六十歲之間，總共可以獲得
abcd的工資。大學畢業生在十八歲至二十二歲之間，必須投入①
的教育投資，而無任何工資收入；但是，在二十二歲開始工作至
六十歲退休的期間內，總共可獲得fgdh的工資，而比高中畢業生
多獲得③的工資。我們也可以用一個簡單的公式，來說明教育投

資的經濟效益。

$$V = \sum_{i=18}^{60} \frac{Y_i}{(1+r)^{i-18}}$$

V：18歲時生涯工資與教育投資的現值

r：利率

i：年齡

Y_i：i歲時的工資或教育投資（工資為正數，教育投資為負數）

如果大學畢業生的V大於高中畢業生，就表示大學畢業生的教育投資是比較有利。

　　教育投資是否有利，端賴工資制度是否與能力主義相結合。在一個重視能力主義的社會裡，教育投資越多，勞動能力越強，工資水準就越高，教育投資就越多。如果是在一個閉塞的家族社會裡，教育投資就不會被重視，因為只要有良好的家庭背景，即可獲得高工資，教育和能力根本不被重視。如果是在一個學歷主義盛行的社會裡，則人們只會重視學校教育和文憑主義，而不重視職業訓練和勞動能力，因為只要有高學歷的文憑，即可獲得高工資，教育量和勞動質不會受到很大的重視。隨著社會的變遷，現代社會思潮已由學歷主義演進到能力主義，教育量和勞動質將會受到更大的重視，教育投資將更盛行。

　　由於教育投資具有提高勞動生產力的作用，企業將會更加重視**在職訓練**(on-the-job-training)；由於教育投資具有增進國民所得的作用，政府將會配置更多的教育經費，充實教育設施，提升教

育水準。總之，教育投資將在個人、企業和政府的努力下，朝向
多元化、長期化和高質化邁進；教育活動將在我們的家庭生活與
社會生活中，逐漸扮演更重要的角色。

伍、工資與性別歧視

婦女的勞動參與率有逐漸提高的趨勢，以我國爲例，民國六
十八年的婦女勞動參與率只有三九‧二一％，而民國七十八年則提
高爲四五‧二四％。影響婦女參與勞動的因素，可從婦女勞力的需
求與供給兩方面來說明。在需求方面，首先，是婦女就業市場的
擴大，適合婦女就業的行業和職業以及按時計酬（part-time job）和
臨時性工作都大幅增加。其次，是工資水準的提高，滿足了婦女
對貨幣所得的嗜好，吸引了婦女參與勞力市場的競爭。在供給方
面，首先，是婦女教育水準的提升，增加了婦女的就業機會，促
進了婦女的就業意願。其次，是家事勞動的減輕和子女人數的減
少，使婦女有餘力從事就業。根據高根和柏格的研究，無子女婦
女比有一子女婦女的工作年數多二‧五年；有一子女婦女比有二
子女婦女的工作年數多二年；有二子女婦女比有三子女婦女的工
作年數多一年。（參閱 J. F. Cogan & F. Berger, *Family Formation, Labor
Market Experience and Wage of Married Women*, Santa Monica, 1978, p.47）

雖然婦女的勞動參與率不斷提高，在工資水準上卻仍存有明
顯的**性別歧視**(sex discrimination)。七十八年度，我國女性勞工的平
均工資僅佔男性勞工的六三‧九％。造成性別歧視的主要因素有
三，第一是婦女較集中於低薪資職業，第二是婦女較集中於中小

企業，第三是婦女的工作期間較短。一般說來，婦女從事事務性
工作者大都集中在秘書、打字員、會計、諮詢、接線生等職業；
婦女從事專門技術性工作者，則爲保姆、幼稚園敎師、中、小學
敎師及護士等職業；婦女從事服務業者，則集中在美容、餐飲服
務及零售推銷人員等職業。至於醫師、律師、會計師、大學敎授、
經理人員及其他專門技術人員，則大半爲男性所佔據。由於婦女
所從事的職業薪資較低，所以就職業分類的大項目（如專門技術人
員、行政主管人員……等）分析，婦女的薪資當比男性爲低。若以職
業分類的細目（如專門技術人員中的醫師、律師、會計師、大學敎授、中
小學敎師等）分析，相同職業和相同工作（如同爲醫師或大學敎授）的
薪資差距就比較不明顯。此外，婦女所受僱的企業規模較集中於
中、小企業。根據日本勞動省的統計，日本的婦女勞動者有六〇％
受僱於僱用人員在一百人以下的中、小企業，（參閱日本勞動省編《賃
金構造基本統計調查》，一九八六年六月）而在雙重結構的薪資制度下
（即大企業與中、小企業間有明顯的薪資差距），日本的婦女勞動者所受
到的工資歧視尤爲顯著。最後，婦女在工作期間，常因結婚、生
育或家庭理由，而退出勞力市場；至於已婚婦女再度就業者，則
常選擇計時性或臨時性的工作，所以一般說來，婦女的工作期間，
尤其是在同一僱用單位的工作期間，均較男性爲短，因而產生薪
資上的差距。

　　如果將薪資的性別歧視定義爲：在相同生產力的男女勞動者
之間所存在的薪資差異，那麼，勞動生產力將是判定性別歧視的
主要關鍵。如果每一個人的勞動生產力能夠正確計算，性別歧視

第三節 家事勞動與家庭副業

壹、家事勞動的問題背景

在原始家庭裡，男主外、女主內，兩者密切配合，而維持均衡關係；家庭內勞動和家庭外勞動具有相等的重要性，兩者均為支持家計生活的重要存在。隨著貨幣的發明與商品經濟的發達，以家庭外勞動與商品交易為主的市場經濟逐取代了家庭內勞動的重要性。近代經濟學的國民所得概念，也僅以透過市場交易的財物和勞務為計算對象，完全忽視非市場的經濟活動，於是，非市場的家庭內生產活動（即家事勞動）就完全被排拒於市場經濟體系之外。

市場經濟越發達，家庭機能越趨向瓦解。所有家庭成員幾乎傾巢而出，在家庭外的市場經濟體制中，尋求就業、就學和就養（托嬰），而家事勞動也逐漸被市場經濟所取代，例如，外食產業取代了家庭料理，服飾產業取代了家庭縫紉，洗衣產業取代了家庭洗衣，清潔產業取代了家庭清潔，甚至理財產業也取代了家庭的財務管理，於是，家庭變成了空殼的組織，變成了家庭成員短暫的休息場所。甚至變成了不必要的存在。因此，所謂**國民生產毛額**（gross national product = GNP）越多生活水準越高的理論，似乎也可以說GNP越多，家庭的瓦解越快，人的疏離狀態越高。

家庭勞動可分為無償性的家事勞動與有償性的副業勞動兩

種，前者如料理、洗衣、縫紉、掃除、照顧子女或老人等；後者就是在家庭內從事商品的製造或加工。首先，就針對無償性的家事勞動加以分析。為什麼家事勞動必須給予合理的貨幣報酬呢？理論上是基於家庭分工的理念，家庭勞動包括家庭內勞動與家庭外勞動，如果家庭主婦（或主夫）選擇家庭外勞動，就無法從事家事勞動，必須仰賴他人，而支付必要費用；如果家庭主婦（或主夫）放棄家庭外勞動，從事家事勞動，那麼，從事家庭外勞動的家庭主夫（或主婦）就必須將部份勞動所得移轉給從事家事勞動的家庭主婦（或家庭主夫）。此外，夫妻共同財產的理念，也建立了家事勞動報酬的基礎，夫妻共同財產制度不僅承認雙方對婚姻生活中所累積的財產享有共同的所有權，也承認家事勞動對家計的貢獻以及家事勞動的貨幣價值。易言之，在夫妻共同財產制度下，夫妻的勞動所得是由家庭外勞動和家庭內勞動所構成，家庭內勞動報酬當然要以貨幣價值加以評估。

　　如果家庭主婦因懶惰不從事家事勞動、因長期住院而不能從事家事勞動，或因家境富裕而僱用傭人從事家事勞動，理論上就沒有家事勞動報酬，而不能享有夫妻勞動所得，甚至是夫妻財產的所有權。若是如此，夫妻共同財產權的精神是否會遭受破壞？這是頗值得研究的課題。此外，家事勞動既然屬於勞動一環，是否能像家庭外勞動一樣，擁有損害賠償權？也是頗值商榷的。在一般的勞動市場中，勞動者可因健康、職業災害、失業或年老等理由，向僱主要求賠償，或向政府要求保障。可是，家庭主婦在從事家事勞動時，若有意外發生，是否可以要求損害賠償？如果

可以，要向誰要求？又可獲得何種形式的賠償？這些問題都必須詳加研究和規劃。一般先進國家的社會保險制度，對家庭主婦提供寡婦年金和老年年金，並將家庭主婦納入全民健康保險制度中。另一方面，在先進國家的企業福利制度中，也對家庭主婦提供各種津貼和福利，以保障家事勞動的安全。因此，家事勞動的損害賠償權應及早建立和落實，才能保障家事勞動和家庭生活。

貳、家事勞動的評估方法

家事勞動如何以貨幣價值加以評估，主要有兩種方法，第一是平均工資法，第二是市場價格法。茲分別說明於后：

所謂平均工資法，就是以婦女受僱者的平均薪資，乘以家事勞動的時間。例如，七十八年度，我國婦女受僱者的平均薪資為每月一三○八一元，每月工作時間為一九七小時，那麼，每小時平均薪資為六六元左右，如果每日家事勞動的時間為一○小時，那麼，每日的家事勞動報酬為六六○元。所謂家事勞動時間，是指從事生產性活動所花費的時間；所謂生產性活動，則指在家庭外從事同種勞動時，可以獲得勞動報酬者，例如，料理、洗衣、縫紉、掃除、照顧子女或老人等。另外一種計算方法，是以家事傭人的平均薪資計算，例如，家事傭人的每小時平均薪資為三○元，而某一家庭主婦的每日家事勞動時間為一○小時，則每日的家事勞動報酬為三○○元。

所謂市場價格法，就是依家事勞動的性質，而以市場價格加以計算的方法。為了方便讀者了解，可以用**表 4-5** 的模型加以說

明。在勞動項目中，可依家事需要加以制定；在每小時市場價格中，可用調查方式求出平均價格，但是，家事勞動報酬可依實際狀況調整價格，例如，照顧一個小孩子和照顧兩個以上的小孩子，價格應該有所不同，如果市場價格是以照顧一個小孩計算，那麼，照顧兩個小孩的家庭主婦育兒價格，就應該給予加權計算。又如用手洗衣及用全自動洗衣機洗衣，其價格當然也應有所不同。將每小時家事勞動價格乘以每日家事勞動時數，即可算出每日家事勞動報酬。

(單位：元，小時)

勞動項目	每小時價格	每日勞動時數	小計金額
早餐料理	20	0.5	10
午餐料理	30	1.0	30
晚餐料理	40	1.5	60
購　　物	30	1.0	30
掃　　除	50	0.5	25
洗　　衣	30	1.5	45
燙　　衣	50	1.0	50
縫　　紉	50	0.5	25
育　　兒	40	3.0	120
托　　老	30	2.0	60
合　　計	—	12.5	455

表 4-5：家事勞動報酬模型

　　家事勞動報酬的評估方法迄今仍未獲得普遍的採納，因為家事勞動畢竟不是單純的肉體勞動，而是涵蓋精神、知識和技術的

綜合性勞動,如果僅以單純的肉體勞動計算報酬,未免不切實際,也不甚合理。若以料理為例,要做完全相同的一餐飯,有些主婦要花一個小時,有些主婦可能花費兩個小時;相同地,花費相同時間料理,有些主婦可以做出又營養、又好吃的一餐,有些主婦所做的飯菜卻完全不能入口。如果要一律以平均價格計算,那麼,有效率又有技術的家庭主婦,其家事勞動報酬反比沒有效率和缺乏技術的家庭主婦為低。如果一律以婦女受僱者的平均薪資計算家事勞動報酬,也同樣會產生這種缺失。因此,家事勞動報酬的評估方法仍有待更進一步的研究。

家事勞動的效益(包括貨幣性和非貨幣性)是值得肯定的,雖然家事勞動的貨幣價值仍未獲致定論,但是,家事勞動的重要性已普遍受到重視。如果把家事勞動視為無償性勞動,那麼,從事家事勞動者的重要性就不會被重視,家庭主婦的社會地位就難以提升。因此,我們必須不斷研究開發家事勞動報酬的評估方法,同時,也應鼓勵男性家長從事家事勞動,尤其是男女都擁有職業的家庭,更應該共同參與家事勞動,不應該由女性單獨負責。所謂男主外女主內的傳統思想,應該調整為:男女共同從事家庭內外勞動的觀念。唯有家庭內勞動和家庭外勞動同等重要的觀念能夠獲得社會全體的共識,男女平等的理想目標才有可能實現。

參、家庭副業的問題

家庭副業是指家庭成員為了增加家庭所得,在家庭內從事的有償性生產活動,一般具有下列幾個要件:

第一、作業場所是在自己的家庭內或鄰里的家庭內。

第二、作業人員是由家庭成員擔任。

第三、作業性質是自己規劃或接受委託。

第四、作業內容包括養殖、製造或裝配。

第五、作業結果能夠獲得貨幣性報酬。

家庭副業可以分爲自營性副業與代工性副業兩種，前者可以獲得販賣所得，後者可以獲得工資所得。自營性副業是由自己提供生產工具、規劃生產方式及自行銷售，例如，在自宅空地上種植水果或養殖家畜，然後自行銷售。代工性副業是由委託者提供生產工具、規定生產樣式、按件支付報酬，例如，在家庭內製造人造花或裝配簡單的電子零件，一切均按委託者的意思製造或裝配，然後將成品交由委託者全權處理。代工性副業通常是以手工作業爲主，少數則使用簡單的工具，但是，自營性副業通常都需要較大的土地空間、生產財和專業知識，所以並非一般的都市家庭所能從事。一般說來，鄉村家庭較易從事自營性副業，而都市家庭較易從事代工性副業。

家庭副業的目的是在生產商品獲得所得，而會涉及市場制度與租稅制度的問題，也就是說，家庭副業的商品是否會破壞市場機能？家庭副業所得是否應該課稅？由於家庭副業的生產成本較低，尤其是代工性副業的生產成本必低於一般專業工廠，其商品在市場上的競爭能力較強，造成不公平的競爭，而破壞市場機能。因此，理論上家庭副業規模應受約束，代工報酬應加保障。如果家庭副業必須僱用他人從事生產，就喪失家庭副業的要件，而成

為專業的生產者，則必須受到法律的約束。所以實務上，家庭副業的產量不致太大，故不足以破壞市場機能。如果代工報酬也能納入法律的保障，代工副業的生產成本與一般專業工廠的差距也不致太大，故不足以威脅市場價格。至於家庭副業所得是否應該課稅，基於稅制的公平性，理論上應該課稅，但是，如果副業所得不課稅，家庭副業所生產的農產品販賣所得就不應該課稅。

　　家庭副業勞動涉及市場經濟，是否要以一般勞力市場的法則加以規範，是個頗值得探討的問題。日本的「家庭內勞動法」，就是家庭副業法的典範，其內容包括最低工資的適用、工資的支付方法、工資的增額、不良品的處理、延遲交貨的問題、作業環境及終止委託等規定。此外，從事代工性副業者能否組織工會，也是值得研究的課題。為了保障代工者的權益，政府應該允許其組織工會。

第 5 章

家庭消費理論

第一節　家庭消費基礎理論

壹、需求曲線與需求彈性

效用、所得和價格是影響消費需求的三大因素。所謂效用，就是個人主觀的滿足程度。不同的個人對相同的財物或勞務，各有不同的效用，即使同一個人在不同的時間、地點、場合或條件下，也會產生不同的效用。效用是一種主觀的認定，實難有普遍的法則和精確的數字，但是，理性的個人必須清楚地了解自己對某種財物或勞務的效用，才能合理地決定需求的狀況。如果無須考慮所得因素，個人便可完全取得所需求的財物或勞務，可是，個人的所得往往是有限的，無法為所欲為，所以在一定的所得下，必須根據效用的大小和價格的高低，決定需求的數量。一般說來，某種財物或勞務的價格上升時，需求量就會減少，價格下跌時，需求量就會增加。就如**表 5-1** 所示的情形一樣，當漢堡價格為一二○元時，個人每月的需求量為○個，隨著價格的下跌，需求量由○個增至四個、六個、八個、十個、十二個。將這種反映價格與需求關係的需求表以圖形表示，就可繪出**圖 5-1** 的**需求曲線**（demand curve）。

需求曲線為什麼會向右下方傾斜呢？主要有兩個理由。第一是價格下跌後，個人的預算無形中就增加了，購買的數量也隨著增加。因此，當所得一定，某種商品的價格下跌時，消費者的所

P(元)	Q(個)
120(A)	0
100(B)	4
80(C)	6
60(D)	8
40(E)	10
20(F)	12

表 5-1：需求表

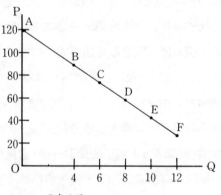

圖 5-1：需求曲線

得在實質上將會提高，購買該商品的數量就可以增加，這稱之為**所得效果**（income effect）。第二個理由是價格下跌之後，某種商品與其他商品比較，將呈現相對的便宜，消費者將會增加購買該種商品，以取代其他可以替代的商品，這就是**替換效果**（substitution effect）。

　　需求曲線向右下方傾斜的現象也有例外，也就是當商品價格
上升時，消費者的購買數量反會增加，這就是所謂的**吉芬變則**
(Giffen's paradox)。一八四五年，愛爾蘭發生饑荒，馬鈴薯的價格
高漲，貧困家庭因買不起肉類，而增加購買馬鈴薯，英國經濟學
家吉芬(Robert Giffen)發現這種現象，所以稱之為吉芬變則。

　　需求曲線之所以會發生變化，其主要原因有下列三種。

　　第一、消費者所得的變化──消費量的變化是在所得一定的
條件下產生的，如果消費者的所得提高了，對同一價格的同種商
品，便有更高的需求量，而使需求曲線向右上方移動；相反地，
如果消費者的所得減少了，需求曲線便會向左下方移動。

　　第二、相關商品價格的變化──如果相關商品的價格調高，
某種商品的價格雖然沒有變化，但是，實質上卻呈現相對的便宜，
消費者便會增加購買，而使需求曲線向右上方移動。如果相關商
品的價格調低，某種商品的需求曲線就會向左下方移動。問題是，
相關商品若屬於**互補性商品**(complementary goods)，例如，汽車與
汽油，西餐與咖啡等，某種商品的需求變化就不同了，因為互補
性商品的價格調高，需求量就會減少，問題商品的需求也會隨之
減少，需求曲線會向左下方移動；相反地，互補性相關商品的價
格如果調低，某種商品的需求曲線就會向右上方移動。

　　第三、消費者的預期──如果消費者預期物價可能上漲，就
會增加購買數量，而且會提前購買，而使需求曲線向右上方移動。
這種現象在供給不足、貨幣供給增加或生產成本提高時就會產
生。有時，企業的惡意哄抬，也會造成需求假象，使消費者增加

購買數量。

在十九世紀末，二十世紀初，劍橋大學的馬歇爾（Adfred Marshall）爲了測定消費者對商品價格變化的反映，以利商品的比較，而提出**需求彈性**（elasticity of demand）的計算方法，其公式如下：

$$\varepsilon = \Delta Q / Q \div \Delta P / P$$

ε：爲需求彈性值

Q：爲原來的需求量

ΔQ：爲因價格變動所產生的需求量變動

P：爲原來的價格

ΔP：爲價格的變動

由於價格的上升會造成需求量的減少，價格的下跌會產生需求量的增加，所以需求彈性值應爲負數。爲了避免正、負數的麻煩，而以絕對值表示。現在，假設漢堡價格爲六〇元時，每個月的需求量爲十個；當漢堡價格提高爲八〇元時，需求量減少爲六個。那麼，需求彈性值爲一‧二。但是，當漢堡價格由八〇元降至六〇元時，需求彈性值爲二‧六七。爲了解決這個矛盾，就以平均值計算原來的數量和價格，其演算過程如下：

$$\varepsilon = \Delta Q / \tfrac{1}{2}(Q_1 + Q_2) \div \Delta P / \tfrac{1}{2}(P_1 + P_2)$$
$$= \Delta Q / (Q_1 + Q_2) \div \Delta P / (P_1 + P_2)$$
$$= \Delta Q / \Delta P \cdot (P_1 + P_2) / (Q_1 + Q_2)$$

現在，以這個公式去計算漢堡的需求彈性，那麼，漢堡價格由六

〇元上漲至八〇元以及由八〇元下跌至六〇元的需求彈性值都是
一‧七五。

如果需求彈性值大於一，就是高彈性 (high elasticity)；如果等
於一，就是中彈性（unitary elasticity）；如果小於一，就是低彈性
（low elasticity）；如果無限大，就是完全彈性(perfectly elasticity)；
如果等於〇，就是完全無彈性（perfectly inelasticity）。當商品價格
較高時，需求彈性也較大，因為消費者會因價格太貴而放棄購買。
相反地，當商品跌至低價格時，消費者對該商品的需求將達飽和，
即使價格再降，需求量也不會增加，所以需求彈性比較小。**圖 5-2** 就是在同一需求曲線上，表示不同需求彈性的情形。

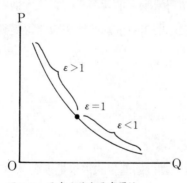

圖 5-2：需求曲線與需求彈性

當一個社會的物價水準較低時，消費者的需求彈性也較低，
所以價格一旦上漲，消費者的支出就會增加；物價下跌，支出就
會減少。在這種時代裡，消費者對物價的上漲，尤其是民生必需
品的漲價，常持反對態度。相反地，當物價水準提高到某種程度

時，消費者的需求彈性也較高，物價上漲反會減少支出，物價下跌則會增加支出。譬如說，漢堡價格為八〇元時，每個月的需求量為六個；漢堡價格下跌至六〇元時，需求量增至十個，需求彈性值為一‧七五，也就是說，當物價下跌一％，需求量就會增加一‧七五％。當漢堡價格為八〇元時，消費者的支出為四八〇元；當漢堡價格為六〇元時，消費者的支出為六〇〇元，支出反而增加了一二〇元。因此，在物價水準較高的社會裡，企業常會以打折方式促銷，誘發消費者增加需求量，消費結構常因市場價格的調整而變動。

　　需求彈性除了受商品價格所左右，也受消費者所得的影響，經濟學上將這種所得變動對消費需求的影響，稱之為需求的所得彈性，其彈性值是以需求量變動的比率與所得變動的比率加以測定。即

$$\eta = \Delta Q / Q \div \Delta Y / Y$$

η：為需求的所得彈性

Q：為原來需求量

ΔQ：為所得變動後所產生的需求量變動

Y：為原來所得

ΔY：為所得的變動

一般說來，所得增加的結果，會使消費者增加購買高級財，減少劣等財的購買數量，所以高級財需求的所得彈性較高（$\eta > 1$），劣等財需求的所得彈性較低（$\eta < 1$）。因此，所得增加對個人的

消費支出有極大的影響。食品支出的增加率會逐漸減緩，而文敎、娛樂方面的支出則會快速成長。

　　某種商品的需求彈性也會受到其他商品價格變動的影響。經濟學上將其他商品價格的變動對某種商品需求的影響，稱之爲需求的交叉彈性，其彈性值是以某種商品需求量變動的比率與其他商品價格變動的比率加以測定。即

$$\rho_{xy} = \Delta Q_x / Q_x \div \Delta P_y / P_y$$

ρ_{xy}：爲需求的交叉彈性值

Q_x：爲X財原來的需求量

ΔQ_x：爲X財受Y財價格變動後所產生的需求量變動

P_y：爲Y財原來的價格

ΔP_y：爲Y財價格的變動

X財和Y財在用途上的關係，是決定某財需求的交叉彈性之主要關鍵。如果兩財是替代性關係，（例如牛肉和豬肉）需求的交叉彈性值就較高（$\rho_{xy} > 1$）；兩財若是互補性關係，（例如汽車與汽油）需求的交叉彈性值就較低（$\rho_{xy} < 1$）。譬如說，牛肉價格若上漲一〇％，豬肉的需求量就增加一五％的話，豬肉需求的交叉彈性值爲一‧五。又如鐵、公路的旅客運費調升一〇％，民眾外出旅遊的次數減少五％的話，旅遊需求的交叉彈性值爲負的〇‧五。在一個競爭市場裡，由於替代品較多，需求的交叉彈性較高，商品價格的調升，將對該企業產生不利的影響，所以企業在調整價格時會比較愼重。

貳、邊際效用與無異曲線

距今一百年前，經濟學家即以效用的概念，來解釋消費行為。如果某種財物或勞務對某人不具任何效用，某人就不會去購買它；相反地，如果某種財物或勞務對某人能產生很大效用，某人就會去購買，而且在所得的許可下，增加購買的數量。問題是，購買的數量越多，該種財物或勞務對某人的效用就越小，易言之，效用會隨著擁有數量的增加而減少。譬如說，購買第一個漢堡若能獲得十個效用，那麼，第二個漢堡的效用就會低於十，第三個漢堡的效用則更低。每增購一個單位的財物或勞務，所產生的總效用的增加量，經濟學上稱為**邊際效用**(marginal utility=MU)，而隨著購買數量的增加，邊際效用逐漸降低的現象，經濟學上稱為**邊際效用遞減法則**(law of diminishing marginal utility)。由**表 5-2** 的假設條件，便可繪出**圖 5-3** 的總效用（TU）曲線和**圖 5-4** 的邊際效用（MU）曲線。總效用雖然不斷增加，邊際效用卻逐漸降低。因此，總效用曲線是自原點向右上方延伸的曲線，而邊際效用曲線則是自左上方向右下方傾斜的曲線。

通常，我們都以貨幣購買必要的財物或勞務，所以貨幣的邊際效用（marginal utility of money=MUm）就成為理性消費者必須考慮的因素。所謂貨幣的邊際效用，就是某種財物或勞務的邊際效用與其價格的比率。其公式為$MUm=MUx/Px$，也就是消費者每增加一個單位的貨幣，去購買某種財物或勞務時，所能產生的總效用的增加量。

購買數量	總效用	邊際效用
1	10	10
2	18	8
3	24	6
4	28	4
5	30	2

表5-2：邊際效用遞減的假設條件

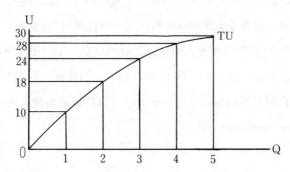

圖5-3：總效用曲線

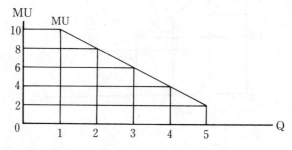

圖5-4：邊際效用曲線

　　由於所得的不同，貨幣對個人的效用也不同，個人的貨幣邊際效用就互異。有錢人的貨幣邊際效用一般均比窮人低，這是根據邊際效用遞減法則所獲得的結論，有錢人提高總效用，必會增

加消費，所以他們的消費水準就比窮人高。

對個人而言，每種財物或勞務的效用不會完全相同，但是，如果考慮到數量因素，財物或勞務的組合就可能產生相同的效用，例如，三個橘子和一個蘋果的效用就可能相同。再進一步說，十個橘子加上五個蘋果的總效用可能與四個橘子加上七個蘋果相當。在許許多多的財物和勞務中，總效用相等的組合是常有的現象。現在，以**圖 5-5** 來加以說明，假設消費者只有x財和y財兩種選擇，那麼，總效用相等的兩種財物組合，例如，1x＋10y(A),2x＋7y(B),3x＋5y(C),4x＋4y(D),就可以繪成一個曲線。這種總效用相等的財物組合所構成的曲線，經濟學上稱爲**無異曲線**或無差別曲線（indifferenee curve）。

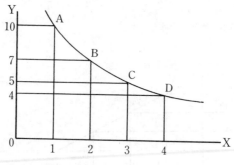

圖 5-5：無異曲線

由無異曲線的斜率，我們可以計算出兩種財物間的替代關係。簡單地說，替代關係是個人爲了多獲取一個單位的某種財物，而願意犧牲的另一種財物數量。通常，我們是用$MRS_{x,y}=\triangle y／\triangle x$的公式來計算。譬如說，某人願意以十個橘子去換取二個蘋果，

他對這兩種財物的**邊際替換率**（marginal rate of substitution =MRS）就是五。個人擁有某種累積財物的數量越少，效用越大，邊際替換率也越高，這就是物以稀為貴的原理。可是，當擁有的數量越多，效用就逐漸降低，邊際替換率也越小，這就是**邊際替換率遞減法則**（law of diminishing marginal rate of substitution）。無異曲線受邊際替換率遞減法則的影響，而產生由左上方向右下方傾斜，並向原點凸出的曲線。

　　由於無異曲線上各種財物組合的總效用相等，我們常會在選擇時感到徬徨，而產生無異曲線的困惑，尤其，當我們從事非經濟性或無法量化的選擇時，更因無法以客觀的認定標準去計算效用，而容易產生這種困擾。譬如說，當我們要從兩位對象中選出一位終身伴侶時，總會覺得兩位對象的外在條件與內在價值的總效用相等，而猶豫不決。最後，只得以他人的意見或自己的情緒，做出無奈的抉擇。

　　我們必須盡力避免無異曲線的困惑。如果我們能在思考階段，採取效用原則，凡事都正確地計算效用；而在行動階段，採取理性原則，凡事都從事最高效用的選擇，那麼，一定會減少許多無異曲線的困惑。如果你把一切事物都看成相同的效用，如果你會在A大於B時選擇B，那麼，你的人生就永遠有無異曲線的困惑！

參、消費者均衡與消費者剩餘

　　理性的消費者必然希望在一定的預算下，使自己的消費獲得

最大的效用。首先，消費者必會以自己的預算去選擇可能購買的財物或勞務。其次，必會選購貨幣邊際效用最大的財物或勞務。比方說，我們有一百元的預算，可以吃兩個漢堡、看一場電影或買一本雜誌。如果漢堡的貨幣邊際效用最大，我們就會購買漢堡。事實上，消費者的預算並不只限於購買一種或一個財物或勞務，通常可以購買許多種多量的財物或勞務。在這種狀況下，理性的消費者爲了獲得效用的極大化，必會多購買貨幣邊際效用較大的商品，但是，多購買的結果，必使該種商品的貨幣邊際效用降低，而逐漸接近其他商品的貨幣邊際效用。最後，必使消費者所購買商品的貨幣邊際效用全部相等。易言之，我們用一塊錢去購買某種商品所能產生的邊際效用，必須等於用一塊錢去購買其他商品所產生的邊際效用，才能獲得效用的最大滿足。這個法則就是**消費者的均衡**(consumers equilibrium)或是最佳的消費選擇（the best choice of consumption）。

　　現在，假設消費者所能購買的財物只有X財和Y財，其貨幣的邊際效用如**表 5-3** 所示。那麼，當預算有二二〇元時，理性的消費者就會選擇一個X財和六個Y財，因爲這種組合的貨幣邊際效用相等。同樣的道理，如果預算有三四〇元，就會選擇二個X財和七個Y財；預算有四六〇元時，就會選擇三個X財和八個Y財。因此，用貨幣的邊際效用來說明消費者的均衡時，可以用

$$MU_x／P_x＝MU_y／P_y＝MU_z／P_z，或$$
$$MUm_x＝MUm_y＝MUm_z$$

X財			
Unit	MUx	Px	MUmx
1	60	100	0.6
2	50	100	0.5
3	40	100	0.4
Y財			
Unit	MUy	Py	MUmy
1	22	20	1.1
2	20	20	1.0
3	18	20	0.9
4	16	20	0.8
5	14	20	0.7
6	12	20	0.6
7	10	20	0.5
8	8	20	0.4

表 5-3：X財及Y財的貨幣邊際效用

的公式來表示，並用這個公式決定購買商品的數量與組合。消費
者若能以這個原理從事消費，必能獲得效用的最大滿足。

此外，我們也可以無異曲線和預算線的關係，來說明消費者
均衡的原理。首先，我們必須了解**預算線**（budget line）的性質，
就是在一定的所得下，可能購買兩種財物的比率，也就是Px／
Py。預算線告訴消費者，在市場上每增購一個單位的X財，必須
放棄多少Y財。無異曲線則反映消費者在心理上，願意犧牲多少Y
財，去獲取一個單位的X財。如果消費者為了獲取一個單位的X
財，心理上願意放棄的Y財數量，多於在市場上必須放棄的Y財數
量，就會覺得有利，而購入更多的X財，直至無異曲線的邊際替換
率等於預算線的價格比率時才會停止購買X財。

現在，我們以圖形來說明，**圖5-6**的 I 為無異曲線，AB為預算

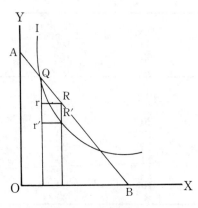

圖 5-6：消費者的均衡原理

線，兩者若不相切，無異曲線的邊際替換率就大於預算線的價格
比率。爲了方便了解，我們可用下列的數學推理方法加以說明。

$$MRS_{X,Y}=Qr'\diagup R'r'$$

$$Px\diagup P_Y=Qr\diagup Rr$$

$$\because Rr=R'r'$$

$$而Qr'>Qr$$

$$\therefore MRS_{X,Y}>P_X\diagup P_Y$$

於是，消費者便會繼續購買X財，直至$MRS_{X,Y}=P_X\diagup P_Y$，也就是
$Qr=Qr'$時，才會停止。因此，必須在無異曲線與預算線相切的條
件下，才能使$MRS_{X,Y}=P_X\diagup P_Y$或$Qr=Qr'$，消費者才會停止購買X
財，而此時的消費組合最能滿足消費者的效用。（圖 5-7）

　　理性的消費者常會認爲自己的消費行爲是絕對有利的，譬如

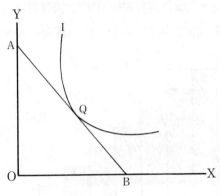

圖 5-7：消費者的均衡模型

說，消費者在心理上認為一件值得一千元的衣服，自己卻以八百元的價格購入，便會覺得自己賺了二百元。在日常生活中，我們常會以貨幣去衡量商品的價值，比方說，某位消費者購買一件衣服所能產生的邊際效用為一〇〇，而花費一塊錢的邊際效用為〇·一，那麼，他就願意花一千元去購買一件衣服。如果衣服的價格高於一千元，消費者就不會去購買。如果實際的價格低於預估價格越多，消費者就越可能購買。這種有利的購買行為，經濟學上稱為**消費者的剩餘**（consumers surplus）。

當消費者在購買第一件衣服時，由於邊際效用較高，預估價格也較高，但是，隨著購買數量的增加，邊際效用遞減，預估價格就逐漸降低。現在，假設衣服的價格為四百元，而消費者購買第一件衣服的預估價格為一千元，那麼，他就可以獲得六百元的剩餘。如果消費者購買第二件衣服的預估價格降為九百元，他就

可以獲得五百元的剩餘，消費者在購買第七件衣服時，市場價格
等於預估價格，也就是沒有剩餘。因此，消費者以四百元的價格，
購買七件衣服的消費者剩餘共有二千一百元。（如圖 5-8）

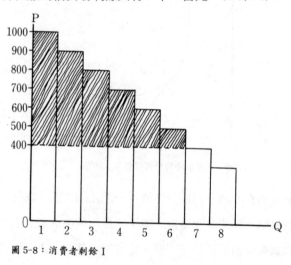

圖 5-8：消費者剩餘 I

現在，我們可以用漢堡的需求曲線來說明消費者的剩餘。當
漢堡價格爲六〇元時，需求量爲八個，主觀的預估總價格爲
OABC，而實際支付的總價格爲OABE，消費者的剩餘爲EBC。
（如圖 5-9）

如果每個消費者的貨幣邊際效用相等，就可以簡單地算出整
體社會的消費者剩餘。問題是，每一個人的所得不同，貨幣的邊
際效用也互異，整體社會的消費者剩餘幾乎是無法估計的。因此，
要以消費者剩餘的概念，從事社會利益的分析，就必須將每一個
社會成員的貨幣邊際效用單純化。例如，政府以一千萬元興建一
座橋樑，其對附近居民所造成的效益，就是以全體居民的消費者

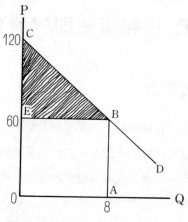

圖 5-9：消費者剩餘 II

剩餘加以計算，也就是將居民的貨幣的邊際效用統一化，以此計算橋樑對居民所能產生的效益。

第二節 恩格爾法則與消費結構

壹、恩格爾法則

每個人的生活效用觀都不一樣，有人重視飲食；有人注重服飾；有人則強調居住設施。因此，要從消費結構中，正確評估生活品質並非易事。可是，從經濟社會的變動趨勢看來，仍有一個判定所得水準與消費品質的共同指標。那就是在個人收入可以維持基本生活之後，所得的增加會使消費結構的飲食支出比率降低，這就是恩格爾法則，而飲食支出消費支出的百分比，就是恩格爾係數。如果所得太低，個人消費在扣除非飲食性的必要支出之後，用於飲食消費的比率就不會很高，這就是恩格爾法則停止現象。

一八五七年恩格爾 (Ernst Engel) 在其「薩克森王國的生產與消費之各種條件」中提出「由於所得水準的上升，用於食品費用的支出比率會相對減少」的結論，這就是眾所熟知的恩格爾法則 (Engel's Law)。由於經濟理論與統計方法的進步，這個法則已逐漸完備，而成為現代計量經濟學中對於消費理論的定量分析之先導。

恩格爾的研究深受三個人的影響：第一位是馬爾薩斯 (T. R. Malthus)，他的《人口論》使恩格爾深信「勞動階級之窮困」的必然性；第二位是布雷 (Frederic Le Play)，他對歐洲各地的家計調查

資料之蒐集引發恩格爾在Ducpétiaux地區對二百個比利時勞工家庭進行家計調查；第三位是昆得烈 (Adolphe Quetelet)，他用統計方法分析自然現象，使恩格爾採用數量的方法去分析勞工家庭的生活費。在恩格爾的思想體系中，容納了布雷的社會政策性的熱情以及昆得烈的社會物理學的觀點，也就是說，在社會現象裡存有數學基礎的自然法則。恩格爾認爲，一個家計的構成並非任意產生的，而是有一個自然法則在運行。他進一步說明所謂的自然法則是在一定條件下，任何時間和任何地點均可觀測到的特定關係。恩格爾確信，在貧困家庭的消費支出中，食品費用佔最大比率是一種自然法則，因爲飲食是人類生活欲望中最重要的。除了飲食之外，人類還有服飾、住宿、光熱以及其他各種欲望。恩格爾在其家庭消費支出百分比中，列入各種費用，並主張這種**消費結構** (structure of consumption) 的決定在各種經濟分析中是最具自然法則的。

恩格爾認爲飲食、服飾、住宿、光熱以及其他欲望均有相對的重要性，必須保持平衡；否則生活的福祉就要受到傷害。他雖然沒有提到邊際效用均等法則，但與效用學派的理論同具實證的意義。他指出個人對各種財物的平均消費量乘以人口數，就是國民經濟全體的消費量，這就是現代統計學上所謂的集合 (aggregation)，也就是用計量方法推算國民消費結構的方式。恩格爾認爲正常的生產結構應以消費的需要結構爲依據，並以消費的目的而分類。這種想法就是現在計算國民所得時所用之分類產業關連表、投入─產出表和變換行列的方式。

貳、消費結構

　　恩格爾法則就社會政策面來說，是最低生活費的研究，就經濟政策面來說，是消費結構的分析。雖然在福利經濟學裡，經常引用恩格爾法則以及羅特俐(B. S. Rowntree)的**貧窮線**(poverty line)去說明最低生活費，可是若無科學性的經濟理論和廣泛的經濟資料，是無法客觀地計算的。這種不正確的最低生活費之計算，不僅於事無助，反會動搖以消除貧困為目的的福利經濟學的基礎。因此，本節的後半部僅就經濟結構的相關問題做粗淺的說明。消費結構與產業結構、資源分配和國際貿易等均有密切關係，若政府的產業政策忽略了消費結構，對物價水準和景氣變動就會有不良影響。就企業的生產計劃和市場分析而言，消費結構更具重要性。

　　影響消費結構的主要因素就是非所得水準。關於這個問題，首先必須了解**邊際效用均等法則** (law of equal marginal utility)。這就是說在一定的所得下，消費者為了獲取最大效用，必須讓各種財貨支出的效用相等。根據這個法則，所得增加或減少時，消費結構會有什麼變化呢？現在，就以**圖 5-10** 加以說明：

　　A和B：一定價格下A、B兩財之邊際效用曲線

　　I：所得一萬元時之邊際效用水準

　　II：所得一萬五千元時之邊際效用水準

　　III：所得二萬元時之邊際效用水準

依邊際效用均等法則得出：

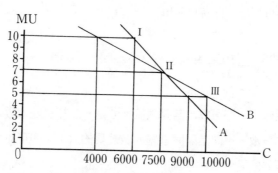

圖 5-10：邊際效用與消費支出的所得效果

當所得為一萬元時，A財的消費額為六千元，B財為四千元。

當所得為一萬五千元整，A、B兩財的消費額各為七千五百元。

當所得為二萬元時，A財的消費額為九千元，B財為一萬一千元。

由此可知，由所得的增減所引起的消費結構的變化，是依據財物的邊際效用的相對位置加以決定的。

其次，所得增加後對個別項目的消費額會有什麼影響呢？這個問題一般是以個別項目的消費額對消費支出總額的彈性值（亦即所得彈性）來表示。易言之，就是消費支出總額增加一％時，個別項目的消費額增加百分比之係數。彈性值的測定係以Y為個別項目的消費額，X_1為消費支出總額，X_2為家庭人數。依

$$\log Y = a + b \log X_1 + c \log X_2$$

之公式，將家計調查中以支出階層分類之cross-section資料代
入，即可算出。此時係數b和c以

$$b = \frac{\partial 169Y}{\partial 169X} = \frac{dy}{Y_1} \cdot \frac{dx_1}{x_1} \doteqdot \frac{\triangle Y}{Y_1} \cdot \frac{\triangle X}{X_1}$$

之意義代入，即可算出其彈性值。若進一步把家庭人數當成個別
的獨立變數，不同階層間家庭人數差異的效果，即可算出所得水
準差距的效果。

　　假定某項費用的彈性值 b等於一，該項消費額佔消費支出總
額的比例，不管所得水準如何，均爲一定。若彈性值小於一，則
該項消費額的增加率低於所得的增加率，亦即所得越高，某項消
費額佔消費支出總額的比例越低，這就是恩格爾法則的證明。若
彈性值大於一，則該項消費額的增加率高於所得的增加率，也就
是說所得越高，某項消費額佔消費支出總額的比例也越高。

　　根據哈薩克（H. S. Houthakker）在其《家計支出形態之國際比
較》（*An International Comparison of Household Expenditure Patterns*）一書
中指出，世界主要國家的消費結構中，食品費用的平均彈性值爲
〇‧六，再度肯定了恩格爾法則的存在；服飾費用的平均彈性值爲
一‧二，證明高所得者的服飾費支出比例較低所得者爲高；住宿費
的平均彈性爲〇‧八，說明了高所得者的住宿費支出比例較低所得
者爲低；其他費用的平均彈性值爲一‧六，也就是說高所得者的雜
費支出比例較低所得者爲高。

　　除了所得水準外，價格體系對消費結構的影響也十分重要。

對於這個問題，首先要知道價格的上漲或下跌對該財物的邊際效用有何影響。假定A財價格上漲兩倍，那麼它的邊際效用曲線會A→A′→A″。其邊際效用減少一半，邊際效用曲線的斜率減少四分之一。（圖 5-11）這就是A財價格上漲所產生的邊際效用變化效果。

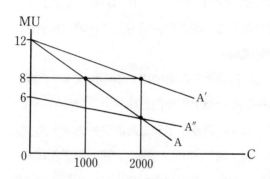

圖 5-11：邊際效用與消費支出的價格效果

其次，當A財的價格上漲而B財的價格不變時，對兩種財貨的消費又會產生什麼影響呢？我們可用財貨的效用原理和價格的替換效果得出三個結論：第一就是對A財的消費會減少，面對B財的消費會增加。第二就是上述效果對低所得者影響較高所得者為大。第三就是會造成總效用和消費總額的減少。

對於某種消費支出的過高或過低的評價，均會影響到價格體系。譬如說，對食品費用的過低估計，會使食品供給不足，招致食品價格的上漲，降低實質的所得水準。相反地，若對食品費用過高的評估，則會使食品供給過剩，導致食品價格的暴落，造成食品產業的不景氣。

　　最後談到經濟發展與消費結構的關係。在經濟發展初期的農村生活裡，人們是以自給自足的消費爲主，譬如說自製的食物、自織的衣服、自建的房子、自砍的薪木或各種原始的運動與娛樂。可是經濟發展的結果產生了工業化、都市化、勞動生產力的提高以及生產組織的變化等，使人們對消費生活的價值標準起了變化。這種消費者嗜好的變化與所得上升和價格變動相互影響，促進了經濟的成長。

　　工業化的意義就是產業結構的重心由農業部門轉移到工業部門，以及在生產結構上由舊商品轉移至新商品的過程。新商品引發了新的欲望，同時產生了滿足新欲望的方式，造成新的生活樣式與消費結構。商品的供給結構與消費的需要結構有極密切的關係，必須相互配合，否則就會引發物價的激烈變動，阻礙經濟成長。

　　都市化使原料的產地與消費地間的距離拉長，導致包裝費、運輸費和配銷費等的相對提高、產地價格與市場價格的差距加大、食品價格的高漲等等。另外，都市化使生活環境發生變化，增加文化、娛樂和交通費等雜費的支出。

　　由於技術的進步提高了勞動生產力，人們不僅增加了所得，也增加了閒暇。人們對於閒暇的期待與日俱增。閒暇活動已由靜態到動態，由國內到國外。各國政府無不盡力在充實環境的保護、交通的整備、娛樂設施的加強、甚至鼓勵國民從事觀光旅遊，以提高國民生活的品質。在這種環境下，個人的消費結構中當然會增加文化、娛樂與旅遊的費用。

經濟成長的結果，會導致生產組織的大規模化。就業機會增加，受僱者的人數也隨著增加。受僱者的特徵之一就是要具有較高的教育資格與做事能力，因此，各種教育費用的支出就會增加。另外，受僱者因職業安定，儲蓄的目的僅在防止意外事故和保障老後生活，因此，儲蓄率較低。尤其是在社會保障制度完善的國家，人們的儲蓄率更低。

參、恩格爾法則與消費結構

由以上的分析可知在論及消費理論時，恩格爾法則與消費結構是最基本的認識。在進行消費理論的定量測定時，仍須具備高度的消費者行動理論以及精確的統計分析方法，同時還要考慮生產結構、價格體系和其他社會因素。消費理論在經濟學的領域裡，實是一個深具價值的研究課題。

目前，歐美先進國家的恩格爾係數均在二十％以下，而我國仍然高居三十五％。雖然國民所得不斷提高，國人重吃的習慣卻未見改善。有些人寧願花一千塊錢吃一客牛排，卻不願花一百塊錢買一本書；有些人寧願花一百塊錢喝一杯咖啡，卻不願花十塊錢買一份報紙。

為了追求更高的生活品質，個人應該不斷調整自己的消費結構。一方面要適度控制飲食支出的增加率；另一方面要提高非飲食性的消費支出，尤其更應重視文教休閒方面的消費。為了追求更理想的福利社會，政府應該致力於課稅的公平性及預算的有效運用。一方面要徹查逃漏稅及地下經濟；另一方面要加強社會福

第三節 消費行為與消費形態

壹、理性的消費行為

在商品交易的流程中，有三個主要的變數（variables）：供給者、消費者與社會結構。一般人都了解供給者與消費者之間的關係，對社會文化、經濟制度、法律標準等社會結構與供給者、消費者之間的關係卻不十分熟悉。如**圖 5-12** 所示，社會結構會影響供給者的成本結構、生產方式與價格水準，也會影響消費者的價值觀、所得水準、生活樣式與消費偏好。從另一個角度說，商品交易的狀況則會影響生產水準、生活水準與社會結構。因此，商

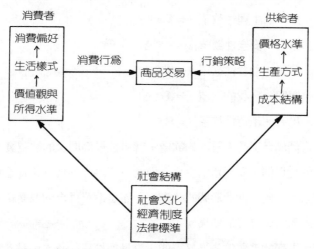

圖 5-12：商品交易流程圖

品交易不僅是由供給者的行銷策略與消費者的消費行為所形成，也涉及整體社會結構的問題；不僅要以經濟學的方法加以處理，更要採用心理學和行為科學的理論加以分析。

從消費者的立場而言，消費行為是由刺激→認知→動機→行動的過程。當消費者看見商店裡的某種商品時，就產生了刺激，然後，消費者便會以自己所擁有的知識去認知該商品，如果該商品對自己確有效用，就會產生購買的動機，如果自己的經濟能力足以支付該商品的價格，就會有購買的行動。

當然，決定消費行為的主要關鍵，在於消費者的欲望，有些人欲望較多，消費動機就較強，消費頻度就較高；有些人較重視高層次的欲望，消費形態就不同於較重視低層次欲望者。一般說來，人類欲望的發展階段可以分為下列五種類型：

第一、生理性欲望（如食欲）

第二、安全性欲望（如安定感）

第三、社會性欲望（如歸屬感）

第四、自我的欲望（如優越感）

第五、創造性欲望（如創新）

當人們滿足了較低層次的欲望，就會往較高層次的欲望發展。就以飲食為例，人類是由生食→熟食→烹調→外食→美食逐漸發展而來。因此，消費形態的改變，不僅是消費行為的改變結果，也是人類欲望發展的結果。

人類的消費欲望是無限的，這是經濟學的基本假設。當人類滿足了某種消費欲望之後，就會產生其他形態的消費欲望，例如，

滿足了物質的欲望，就會產生精神的欲望；滿足了硬體的欲望，就會產生軟體的欲望。大部份的消費欲望都是由供給者創造出來的，這就是所謂的**「供給創造需求」**（supply creates demand）的法則。在多樣化的商品市場中，消費者根據自己的價值觀與購買能力，從事各種不同的消費行為。

雖然消費行為各不相同，每一個人幾乎都在努力做個理性的消費者。可是，一般人對理性的消費大都缺乏正確的認識。有些人甚至將其解釋成「斤斤計較」或「貪小便宜」，完全扭曲了理性消費的意義。

所謂理性消費，就是在一定的預算水準和效用標準下，依照價格的變動，決定消費組合和購買數量的消費方式。基於這個定義，理性的消費者至少必須具備三個條件：

第一、購買前，必須根據自己的效用程度，排定優先順序。在編列消費項目時，可以分為迫切需要的項目、希望擁有的項目及可有可無的項目。然後，根據這種優先順序從事消費。

第二、購買時，必須隨著商品價格的變動，調整購買數量。原則上，價格上漲，就必須減少購買的數量；價格下跌就應該增加購買的數量，但是，如果價格遽漲，就必須考慮停止購買；如果價格遽跌，就不應該增加購買。

第三、購買後，必須以高度的技巧，增進財物的利用價值或延長財物的使用年限。不善用財物，不僅是非理性的消費，更是最大的浪費。

總之，理性的消費涵蓋消費項目、購買行為及使用方式三個

階段。理性的消費者應以合理主義，去處理預算、購物及使用的問題，才算是盡了消費的責任。

貳、社會的消費形態

■軟體型消費形態

我們常以工業生產值佔國民所得的比率與工業人口佔就業人口的比率，作爲衡量工業化的指標。同時，我們也以工業化的程度，作爲判定經濟發展與生活水準的依據。可是，自一九七○年以後，工業先進國家的服務業已逐漸取代工業，成爲各國最重要的產業。七十九年度，我國從事服務業的人口佔就業人口的比率也高達五四％，所謂先進國家已不再是工業化國家，而是軟體化國家。

軟體化國家的消費形態，就是以服務性消費爲家庭支出的主要項目，也就是軟體消費。過去，一般家庭的消費結構，是以飲食、居住、服飾等義務性支出爲主。現在，爲了休閒、人力投資以及節省時間、勞力和空間等目的的非義務性支出比率則大幅提高。

軟體消費的項目至少有下列幾項：

休閒性消費——交通費、旅遊費及各種娛樂費等。

交際性消費——交際費、宗教費及各種會費等。

代勞性消費——外食費、洗衣費、汽車修理和保險費及理容費。

資訊性消費——通訊費及書報雜誌費等。

投資性消費——補習費及執照費等。

軟體消費的最大效果，除了可以減輕精神壓力之外，更可增進工作能力，對於提升生活品質與勞動生產力，具有很大的正面作用。

隨著所得的提高，我們必須調整自己的消費結構，增加非義務性的軟體消費。大家都能如此，我們就可以早日邁入軟體化國家之林。

■分衆型消費形態

高度經濟成長提高了消費者的購買能力，也加速了商品需求的一致性，人人都想購買別人擁有的東西。否則，自己就好像落伍了。人人購買的結果，促進了廠商的大規模生產，因而降低了成本和售價，更刺激了大量的消費。

然而，一九七○年代後期之後，先進工業國家開始步入低度成長的時代。人們開始精打細算、精挑細選，因而減緩了消費的增加速度。更由於所得差距的擴大，消費差距也隨之擴大。人們逐漸根據自己的所得和嗜好購買商品，不再一味地跟隨大眾的潮流。於是，表現獨特個性的分眾型消費就產生了。

分眾型消費的最大特徵，就是重視商品的多樣性、細分性和軟體性。對於同種的商品，希望有更多種廠牌和規格好供選擇。對於不同的商品，則重視功能的特性及與其他商品的配合性。對於商品的品質，則偏好輕薄短小。

分眾型消費必須掌握充分的資訊，才能了解商品的特性和適用性，而不是人云亦云，迷信名牌。因此，在一個分眾的社會裡，

消費者必須具有承受資訊衝擊的覺悟，努力蒐集資訊，正確的分析與判斷，然後才決定消費行爲。

　　或許分眾時代距我們還很遙遠，或許分眾永遠不能取代大眾，但是，在一個高度開發的多元化社會裡，分眾的出現是必然的趨勢，至少分眾型消費將逐漸成爲消費行爲的重要原則。

■都市型消費形態

　　不久前，盛行於鄉村地區的大家樂與瘋狂於都市地區的股票熱，不僅印證了鄉下人與都市人在資金運用上的不同，也顯示了兩者在消費形態上的差異。

　　都市人的消費觀念比較重視商品品質、流行款式及市場資訊。在消費方式上，比較常用預約和信用卡的方式購物，而且比較仰賴大型百貨公司與超級市場。在消費內容方面，則比較偏重乳製品、牛肉、咖啡、西裝、領帶、高級服飾、化妝品等商品；在外食、旅遊、娛樂、文敎及醫療保健方面的支出，比率也高於鄉下人。

　　都市型消費的最大缺點，就是交際性消費和炫耀性消費往往超過義務性消費。交際應酬的費用不僅帶給了都市家庭的沉重負擔，也造成了消費市場的巨大浪費。有些人爲了炫耀性消費，甚至負債累累。此外，都市型消費也帶來了一些隱憂。爲了支付日益高漲的消費支出，都市人逐漸對固定收入以外的財源感到興趣，於是，有人開始兼職，有人開始玩股票，有人開始賭博、詐騙甚至搶竊。

　　理想的都市消費，應由政府提供健全的管道，讓市民安心地

運用資金。另一方面，消費者應以理性的態度，評估自己的消費
需求，調整自己的消費結構。同時，以「受益者付費」的觀念，
分攤社會福利費用。未來的都市型消費，應由感性消費趨向理性
消費；由個人生活消費趨向社會生活消費。

　　面對轉型社會的挑戰，國人對改變消費形態應倍加努力，尤
其是都市人對建立理想的都市型消費應負更重的責任，不能再以
暴發戶的心態恣意消費。相信在大家的努力下，我們必能邁入一
個高素質的社會。

參、家庭的消費形態

■中產階級的消費形態

　　雖然中產階級（middle class）的定義與內涵尚無一定的標準，
但是，越來越多的人們卻認為，自己的經濟地位屬於中產階級。
中產意識普及的原因，至少有下列幾項：

　　第一、生活水準的提升──個人將現在的生活與過去的生活
作比較的結果，感覺生活水準是提升了，也就是說自己的資產、
所得與消費水準都比以前增加了，所以在主觀上產生中產意識。

　　第二、認知上的落差──個人將自己的生活狀況與他人的生
活狀況作比較的結果，感覺自己的生活水準優於他人，所以產生
中產意識。關於他人的生活狀況，都是過去的統計資料，與現況
有所差距，所以就產生了個人**認知上的落差**（cognition lag），也就
是將他人的過去狀況與自己的現在狀況比較，所以容易產生誤
差。

　　第三、公平分配的幻想——國民所得的分配狀況常因統計技術的困難或政治策略的理由，而顯示出公平分配的現象。一般國民就在這種數字魔術的薰陶下，產生了國民所得公平分配的幻想，而加強了中產階級的意識形態。

　　如果中產階級的經濟能力能夠訂出一個客觀的指標，例如，中上階級的資產為二千萬元、月所得為二十萬元、月消費為十萬元；中等階級的資產為一千萬元、月所得為十萬元、月消費為五萬元；中下階級的資產為五百萬元、月所得為五萬元、月消費為二·五萬元，那麼，就可以作出**圖 5-13** 的模型。如果某一家庭的資

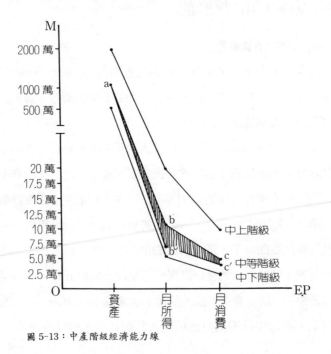

圖 5-13：中產階級經濟能力線

產有一千萬元，月所得爲七‧五萬元，月消費爲四萬元，那麼，**經濟能力線**（economic line）爲ab′c′，與中等階級的經濟能力線abc，尚有abcc′b′的差距。

中產意識的普及對消費形態的影響，至少有下列兩項：

第一、多量化——中產意識會增進消費欲望，凡別人擁有的，自己也想擁有，別人去過的地方，自己也想見識。一種商品經社會大眾廣泛採用之後，就成爲大眾消費品，而且在量多就是好的觀念下，就成爲大量消耗品。尤其在高度經濟成長之時，中產階級的經濟能力大幅提高，購買數量也會遽增。

第二、個性化——當中產階級滿足了生活必需品之後，便會重視消費的個性化，也就是根據自己個性與嗜好選擇商品。個性化有幾個條件，第一要對自己的個性有充分了解，第二要對自己的經濟能力有信心，第三要對商品的知識有足夠的認識，第四要有充裕的選擇商品時間。這些條件並非所有中產階級都能具備，一般只有中上階級才有這種消費形態。

■單身家庭的消費形態

由於結婚年齡的延長及離婚率的提高，單身貴族的比率有逐漸增加的趨勢。單身貴族已不是年輕人的專利，有許多老年人也一樣是單身貴族，甚至比年輕的單身貴族更富有生活樂趣。大部份的單身貴族都與家人同住，但是，由於人口的都市化和工作的流動化的結果，單身家庭有逐漸增多的趨勢。歐美先進國家的家庭結構，大都由核心家庭和單身家庭組成，三代同堂的大家庭已不多見。因此，隨著經濟的成長與社會的進步，單身家庭的生活

經濟將日趨凸顯，單身家庭的消費行為將日益重要。

單身家庭本身就是一個家庭，必須具備一般家庭所擁有的基本設施、設備與必要的生活材，而且由於**規模不經濟**（diseconomy of scale），家庭消費支出會高於一般家庭的每人平均消費支出，所以單身家庭的增加，將使總體消費和國民所得都相對提高。

單身家庭的消費形態至少具有下列三個特性：

第一、小型化——單身家庭的消費數量和家庭庫存均比一般家庭少，所購置的商品會傾向少量化和小型化，例如，少量包裝的食品、小型的住宅、家具和家電等。小型化的結果，使單身家庭傾向重視商品品質的消費行為，但是，由於經濟能力的限制，常採取重點豪華型的消費形態，也就是只在某些重點商品上，採取高價格和高品質的豪華型消費。

第二、休閒化——單身家庭因為義務性消費較少，加上時間、朋友和資訊較一般家庭充裕，所以較易從事休閒活動，例如，旅遊、運動、外食及各種娛樂活動。單身家庭的休閒活動不僅頻率較高，內容也較為豐富，所以不僅休閒費用較高，休閒商品也較為多樣化。單身家庭常是休閒商品市場的先驅者，也是休閒生活的推動者，對一般家庭的消費結構具有很大的影響力。

第三、教育投資的重視——單身家庭的生活重心往往偏重在工作上。為了提高自己的工作能力，以增加所得，提升自己的社會地位，就必須進行人力投資，例如，學習電腦、外文、會計、國貿等實務性技能，或投考夜間部取得更高學位等。

■**雙薪家庭的消費形態**

　　家庭主婦的勞動參與率逐年增加，其原因大致可以分為下列四項：

　　第一、經濟因素——為了支應家庭生活的開銷，光賴男性戶長的收入已顯不足，必須家庭主婦外出工作，補貼家用。

　　第二、技能因素——由於女性教育水準的提升，大部份的家庭主婦都有一技之長，若不加發揮，甚為可惜，所以在情況許可下，家庭主婦都希望藉就業發揮才能。

　　第三、社會因素——家庭主婦在子女就學之後，往往會陷入寂寞的生活，需要尋找新的朋友，以排遣寂寞。

　　第四、心理因素——大部份婦女都認為，工作權是獨立性和平等性的表徵，希望藉由工作確立自己的地位，實現男女平等的美夢。

　　雙薪家庭由於家庭所得增加，而家庭生活時間減少，在生活經濟上會產生很大的變化，其消費形態至少具有下列幾項特性：

　　第一、市場化——雙薪家庭在有限的時間條件下，無法充分從事家事勞動，必須將部份家事勞動委由他人代勞，例如，委託洗衣店洗衣、委託清潔公司打掃、委託保姆照顧子女、委託美容專家化妝等。市場化的結果，使雙薪家庭的消費支出高於同等條件的單薪家庭，也使雙薪家庭的消費行為傾向金錢消費型。

　　第二、效率化——雙薪家庭深知時間價格的重要性，所以比較重視生活的效率化，尤其在購物時間的縮短和市場資訊的取得上，更具效率性。為了節省購物時間，雙薪家庭通常都利用上班地點或居住處所附近的商店購買商品，至於特定的商品，則在掌

握確實的市場資訊之後，直接前往特定的商店購買。爲了獲取市場資訊，以節省時間與能源，雙薪家庭往往以金錢購買必要的資訊，或充分利用大眾傳播的廣告資訊。

第三、子女生活費用的增加——雙薪家庭因缺乏教育子女的時間，往往將放學後的子女委託專業老師輔導功課；同時，因缺乏與子女相處的時間，往往以充裕的金錢滿足子女的需求。因此，子女的教育、休閒及其他生活費用作家庭支出的比率不斷提高，相關產業也因而繁榮。

■老人家庭的消費形態

高齡化是社會進步的特徵，每一個社會的平均年齡都有逐漸上升的趨勢，老人家庭也日漸普及，而三代同堂的老人家庭將會漸漸減少。三代同堂雖然有正面的經濟效益，對該家庭（包括所有家庭成員）的生活品質，卻具有負面的影響，因爲生活價值觀的不同所產生的摩擦，不僅會耗費家庭成員的能源，也會造成複雜的家庭問題，尤其是祖孫之間的代溝，更有如人類與外星人的關係。因此，基於提升生活品質的立場，三代同堂是不值得鼓勵的，相反的，以老人爲主體的老人家庭是值得推廣的。當然，良好的退休制度、社會福利措施及老人住宅政策必須建立，才能順利推廣老人家庭，提升老人生活品質。

老人家庭若能普及，新的消費形態就會形成，其特徵至少有下列三方面：

第一、安全化——老後生活最重要的課題就是安全，尤其是經濟上的安全（economic security），所以凡是**危險防衛**（risk hedge）

的商品，都是老人家庭的購買對象，例如，年金保險、政府公債、不動產、黃金、寶石等。

第二、高級化——如果老人的經濟能夠獲得確實的保障，老人家庭的消費將會趨向高級化，而資產越多的老人家庭則越有這種傾向。譬如說，購買健康食品，以維護自己的健康；購買高級服飾，以隱藏老化現象；購買寶石，以表現自己的成就等。

第三、老人商品的普及——老人商品種類繁多，有住宅商品（如老人養護機構、老人住宅等）、金融商品（如年金保險、健康保險、不動產抵押貸款等）、在住宅服務商品（如看護服務、家事服務、配送服務、保全服務等）、補助器材（如輪椅、補助杖、浴槽、防水床、改良式電話等）、文教休閒商品（如文教、旅遊、運動等相關商品）及其他老人商品（如老人專用的食品、化妝品、服飾、藥品、光學用品等）。這些商品都將隨著高齡化社會的來臨而日漸普及。

家庭儲蓄理論

第一節 家庭儲蓄基礎理論

壹、儲蓄的背景

儲存財物的行為是人類的本能，也是人類延續生命的必要條件。現代人的儲蓄動機頗為複雜，但是，歸納起來不外是生活防衛與資產形成兩種動機，前者是因應將來生活所需費用的準備，後者是為了滿足富裕心理的憑據。生活防衛動機大概有下列幾種情況：

第一、為了因應不測事態的發生——在現代生活中，就業的不穩定以及層出不窮的交通事故、公害、災害等都對家庭經濟產生莫大威脅，增加了家庭生活的危機，而另一方面，現代社會的冷淡以及相互扶助的喪失，在社會福利制度尚未充實之前，只有依賴儲蓄，以自己的力量克服生活危機。

第二、為了取得棲身的住宅——在工業化和都市化的現代社會裡，要取得一幢自用住宅實非易事，尤其在地價高昂的都市更屬困難，而需要長期儲蓄，方能實現住宅美夢。

第三、為了購買耐久消費財或籌措休閒費用——在物質主義盛行下，現代人（尤其是年輕人）越來越重視耐久消費財的取得與休閒生活。例如，各種家電用品、汽車、娛樂用品及旅遊等。

第四、為了準備子女的教育費用——在高學歷和高學費的現代社會裡，一般人的教育年數延長了，教育費用也增加了，子女

的教育費用已成爲家庭的長期負擔，必須仰賴長期儲蓄方能因應。

第五、爲了準備退休後的生活費用——由於所得的急速減少、罹病機率的提高、平均壽命的延長以及扶養意識的低落，退休後的生活負擔將會越加沉重。即使有良好的退休制度與社會福利措施，也會因爲物價膨脹的高漲與給付水準的限制，而難以享有安適的老後生活，必須在退休之前，從事長期儲蓄。

至於資產形成的動機，則有下列幾種情況：

第一、爲了獲得財產所得——存款和公債可以獲得利息、證券可以獲得股息、土地可以獲得地租、房屋可以獲得租金，而證券和不動產的交易往往可以獲得鉅額利益。這些財產所得不僅是家庭的重要收入，也是家庭富裕程度的指標。

第二、爲了獲得舒適的生活——高級的住宅、汽車、耐久消費財（家具、家電等）及消費財不僅可以提高家庭成員的生活品質，也可以增進家庭成員的生活效率。但是，這些財物並非人人可以獲得，必須仰賴長期有效的儲蓄，才有足夠的金錢購買。

第三、爲了滿足心理的富足——儲蓄的多寡與生活的富足感有密切關係，尤其是實物資產（如不動產、貴重金屬、收藏品等）越多，富足感越強。

雖然人人都有儲蓄的動機，但是，並非人人都能夠儲蓄，也非人人都能夠擁有足夠的儲蓄。影響儲蓄的因素很多，有些是個人因素，有些則是社會因素，在個人因素方面，至少有下列幾項：

第一、所得水準———一般說來，所得水準越高，儲蓄水準也

越高。如果所得增加率高於消費增加率，儲蓄率就會提高；如果變動所得（variable income）越高，儲蓄率也會提高。在所得未達某一水準之前，所得的增加會使**邊際消費傾向**（marginal propensity to consume = MPC = $\Delta C / \Delta Y_d$）提高，但是，所得超過某一水準之後，所得的增加會使邊際消費傾向降低，儲蓄率因而提高。在個人所得中，**經常所得**（permanent income）的比率越小，變動所得的比率越大，**平均消費傾向**（average propensity to consume = APC = C / Y_d）就越小，儲蓄率就越大，這就是弗里曼（Milton Friedman）所主張的「經常所得假設」（hypothesis of permanent income）。

第二、生活價值觀——個人的生活價值觀是決定平均消費傾向與**平均儲蓄傾向**（average propensity to saving = APS = S / Y_d）的主要因素。如果個人重視眼前的生活享受，忽視未來的生活防衛，平均消費傾向就比較高，平均儲蓄傾向就比較低，因為 APS = 1 － APC，APC越大，APS就越小。生活價值觀受所屬集團（如相同的民族、城鄉、階級、職業或年齡）的影響很大。例如，中國人的儲蓄率就比歐美人士高，鄉村居民的儲蓄率就比都市居民為高。這種相同集團的相互影響作用，就稱之為**「示範效果」**（demonstration effect）。

第三、職業性質——職業與所得、消費與儲蓄均有密切關係。一般說來，事業經營者和自由業者的所得、消費與儲蓄要比受僱者為高；從事工礦商業者的所得、消費與儲蓄要比從事農業者為高，尤其是事業經營者，其事業的淨收益（net profit）應涵蓋在個人儲蓄內，所以儲蓄率特別高。如果一個社會的成員結構中，事

業經營者的比率較高，理論上，該社會的儲蓄率就比較高。

　　在社會因素方面，至少有下列幾項：

　　第一、利率水準──利率是影響儲蓄的主要因素，如果實質利率（即名目利率減物價膨脹率）偏高，儲蓄率就會增加；如果實質利率偏低，儲蓄率就會減少。合理的利率水準只在一個自由化的金融制度下，才有實現的可能。在一個閉塞的金融體制下，利率水準會偏低，儲蓄率也難以提高，甚至會造成地下金融（如地下錢莊或非法投資公司等）的蔓延，引發金融風暴，使儲蓄者血本無歸。此外，在一個高物價膨脹的社會，即使利率水準很高，亦難吸引民眾儲蓄。因此，金融制度自由化越普及和物價水準越穩定的社會，儲蓄率就越高。

　　第二、物價水準──在一定的生活水準下，消費者物價水準越高，消費支出比率就越高，而儲蓄比率則相對降低。在消費者物價中，有關耐久消費財、休閒旅遊及教育文化等費用的高漲，是否會影響到儲蓄水準，就難下定論，因為有些人會減少這方面的支出，而不影響儲蓄；有些人卻寧願減少儲蓄，以支應這方面的支出。此外，非消費者物價的不動產價格，也會影響儲蓄率。不動產價格越高，人們就必須以較高的儲蓄率，累積較多的購屋基金。因此，不動產價格越高，儲蓄率就越高。如果政府的住宅政策能夠提供廉價的住宅，儲蓄率就會降低，消費支出就會增加，生活水準就會提升。

　　第三、社會福利制度──預防因失業、傷病、災害或年老而造成的生活不安，是儲蓄的主要動機。如果一個社會的社會福利

流動性 (liquidity)、安全性 (security) 與收益性 (benefit) 三種考量。
所謂流動性，就是提存及兌換的容易程度，例如，通貨性存款要
比定期性存款高；定期性存款要比人壽保險高；人壽保險則比有
價證券高。所謂安全性，就是保證本金不會受損的信用程度，例
如，在固定期間內（如十年或二十年）繳納保險費，而在期滿時領回
本利的養老保險，就比為某種事故（如癌症、飛行事故或旅遊事故等）
而投保的事故保險（或傷害保險）較為安全，因為前者可以領回所
繳納的保險費，而後者若不發生事故，就不能領回所繳納的保險
費。所謂收益性，就是獲利率的程度。例如，有價證券要比人壽
保險高；人壽保險要比定期性存款高；定期性存款要比通貨性存
款高。流動性、安全性和收益性常有衝突的現象，例如，養老保
險的安全性雖高，流動性卻很低；股票買賣的收益性雖可期待，
安全性卻十分危險；通貨性存款的流動性和安全性很高，收益性
卻偏低。因此，要選擇合適的金融性儲蓄並非易事。

　　家計在選擇金融性儲蓄時，必須考量社會經濟環境的變遷，
加以適當運用，不可一成不變。例如，在激烈的物價膨脹下，流
動性的考量要重於安全性，以便在適當時機，提出存款購置必要
的財物。又如在股票狂飆時，要重視收益性，大膽投入；在股票
走下坡時，要重視安全性，在損失不多的狀況下，狠心拋售。一
般民間所流行的標會，雖然流動性和收益性均比定期性存款高，
但是，安全性卻毫無保障。此外，民間也盛行各種高利貸的地下
金融活動，可見，國人偏重收益性而忽視安全性；重視非法性而
忽視合法性。要扭轉國人的儲蓄習慣，可能要從下列幾個方向努

力。

第一、要徹底開放金融制度，實施經營自由化與利率自由化。在完全競爭的條件下，達成均衡利率，使黑市交易不致產生。

第二、要擴大金融機構的金融商品，例如，合會業務、消費者貸款業務及投資信託業務等，以與民間標會、地下錢莊及地下投資公司相抗衡。

第三、要嚴格取締非法金融活動，並採重刑主義，使其無法存在。對於參與非法金融活動之受害者，政府必須言明，不採取救濟措施，甚至要科以罰則。

第四、要健全證券市場，放寬上市公司的資格條件，允許外國人有限度交易，縮小每日行情波動的上下限，貫徹證券交易所得稅制度、嚴厲取締內線交易等，使證券市場成為名副其實的投資性資金市場。

■實物性儲蓄

實物性儲蓄既是一種儲蓄，也是一種直接投資，尤其在激烈的物價膨脹下，實物不僅可以保值，也可以獲利，所以實物性儲蓄兼具儲蓄與投資兩種功能。一般常見的實物性儲蓄有下列幾種：

第一、不動產，包括土地、房屋、車位等。

第二、高級耐久財，例如，汽車、家具、音響、家電、皮飾品等。

第三、貴重金屬，例如，黃金、鑽石及其他寶石。

第四、收藏藝術品，例如，名畫、名琴及其他古代藝術品等。

　　第五、會員卡，例如，高爾夫會員卡、渡假會員卡及其他休閒育樂會員卡等。

　　隨著所得和儲蓄金額的提高，人們逐漸擁有從事實物性儲蓄的能力，尤其是不動產更是大多數人都擁有的資產。一般說來，所得越高，實物性儲蓄越多，而且擁有高級耐久財、貴重金屬、收藏品或會員卡的資產也越多。目前，我國約有百分之七十六的家庭擁有自用住宅，每十二個人中有一人擁有自用汽車，而貴重金屬的購置也十分普及，最近，各種會員卡的購買也蔚成風氣，國人正逐漸提高對實物性儲蓄的興趣。

■負儲蓄

　　由於人們對實物性資產的興趣日漸提高，更由於消費者信用的普及，現代人的負儲蓄（即負債）也不斷增加。目前所流行的消費者信用可分為分期式信用與非分期式信用兩種。分期式信用和非分期式信用又可分為由業者提供的販賣信用及由金融機構提供的金融信用兩種。茲分別說明於后：

　　第一、由業者提供的獨立式分期販賣信用，即業者以自己的資金，提供消費者分期付款的方式。

　　第二、由金融業者提供的消費者貸款，即由消費者直接向金融機構申請貸款，再向販賣業者購買生活用品，最後，向金融機構分期償還。

　　第三、由業者和金融機構共同提供的合作貸款，即由消費者向販賣業者申請信用保證，提供保證書，再由業者進行信用調查後，一方面消費者向金融機構申請融資；另一方面業者則向金融

機構提供信用保證。當消費者獲得融資之後，一方面向業者付清貸款，並取得生活用品，另一方面則向金融機構分期償還融資。

（圖 6-1）

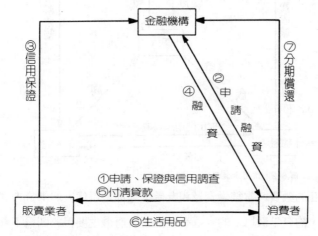

圖 6-1：合作貸款流程

第四、由業者提供的販賣信用，即信用卡業務。消費者以信用卡向加盟店購買生活用品（消費者必須提示信用卡並簽名後始能取得用品），再由加盟店將販賣收據送交信用卡公司，信用卡公司一方面匯款至銀行，並由銀行撥款給加盟店，一方面則向消費者通知付款，並由消費者至銀行繳款。最後，銀行再撥款給信用卡公司。

（圖 6-2）

第五、由金融機構提供之抵押貸款，一般分為動產（如存款）抵押貸款及不動產（如土地或房屋）抵押貸款。如果借款人無法償清貸款，金融機構有優先扣押其動產或不動產之權利。

除了上述幾種負儲蓄之外，企業福利的員工貸款或融資、地

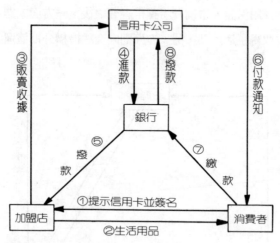

圖6-2：信用卡流程

下錢莊的融資、當舖融資及親友借款等都是現代人的借貸方式。目前，約有半數以上的家庭有負儲蓄，而最主要目的則為不動產貸款。要測定家計的儲蓄水準，可從淨儲蓄（即儲蓄總金額減負儲蓄總金額）佔年所得的比率看出，比率越高，儲蓄水準越高；比率越低，儲蓄水準就越低。因此，只以儲蓄率（即儲蓄總金額佔年所得的比率）測定儲蓄水準是不正確的，務必考慮負儲蓄的因素。

參、儲蓄結構的變化

　　由低度經濟成長所造成之所得增加的減緩、由生活品質觀念所造成之消費結構的改變及由消費者信用普及化所造成之儲蓄結構的改變等因素，大大地改變了現代家計的儲蓄結構，其主要的特性有下列幾點：

　　第一、儲蓄率的降低——由於經濟成長的趨緩，國民所得的

增加率也趨緩；由於租稅和社會保險費負擔的加重，家庭可支配所得也深受影響；而家庭消費支出的安定成長，則使家庭儲蓄率逐漸降低。值得注意的是，儲蓄率的計算，若以儲蓄金額除以可支配所得，就比較高；若以儲蓄金額除以所得總額，就比較低。我國是採取前一方式計算儲蓄率，所以會有偏高的現象。七十八年度，我國家庭所得第六分位組（最高所得階層）的儲蓄率爲第一分位組（最低所得階層）的四‧六四倍，而前者的儲蓄金額爲後者的二二‧五倍，足見國人的資產分配十分不均，應速謀改善。

第二、資產增加率的減緩——由於儲蓄率的降低，家庭資產的增加率也隨之減緩。一般家庭的資產結構是以不動產的比率最高，依次爲金融性儲蓄、純固定資產（如建築物和生產工具等）、耐久消費財。由於不動產價格的飆漲，擁有不動產已日漸困難，而一般家庭的主要耐久消費財也日趨飽和，所以增加率亦極有限。都市地區的家庭比較重視金融性儲蓄，而農村地區家庭則比較重視固定資產和流動資產（如庫存農產品和農業生產財等），所以農家的金融性資產低於非農家，而實物性資產則高於非農家。

第三、購屋貸款的增加——由於住宅的供需不均衡，導致不動產價格的不合理飆漲，家庭所得與住宅價格的差距逐年擴大。就以目前我國勞工的平均工資計算，平均住宅價格爲平均年所得的十倍，比日本的五‧六倍，英國的三‧六倍、美國的三倍等先進國家水準高出甚多。在「無住屋者無恆心」的觀念下，人人都想擁有一幢住屋，於是，只有向銀行申貸，先取得住屋，再慢慢償還。結果，不僅增加了家庭的非消費性支出，也影響了家庭的消

費性支出,許多家庭不得不因為貸款,而削減消費性支出。

第四、消費者信用的普及——由於產業的資金需求有趨緩的現象,而有剩餘資金流入消費者信用市場;由於家庭耐久消費財已達飽和,業者為了促銷而提供消費者信用;由於國民所得的增加,使一般家庭的信用水準提高,足以利用消費者信用;更由於享樂觀念的流行,促進了先享受後付費的消費者信用。利用消費者信用的動機,一般說來,年輕人是以休閒、購物和交際應酬為主;中年人則是為了償還債務、家計支出和業務需要。消費信用普及之後也造成了一些缺失,例如,不合理的利率及其他侵害使用者權益的問題,使用者的信用未能充分掌握的問題以及養成浪費習慣的社會問題等。

第五、耐久消費財的普及——國民所得的增加和生活水準的提升,使耐久消費財的普及率大為提高,而且品質也大為改善,例如,彩色電視機取代了黑白電視機,冷氣機取代了電風扇,攝影機取代了照相機。目前,我國在彩色電視機、電冰箱、洗衣機、機車、收錄音機、錄放影機等的普及率已接近國際水準,但是,照相機、冷氣機、家用電腦及自用汽車等的普及率仍然偏低,仍有增加的趨勢。

為了因應儲蓄結構的改變,政府和家庭都應採取積極的對策,才能維護生活經濟的穩定。下列幾種對策應可作為參考:

第一、租稅與社會保險費負擔的適當化——租稅和保險費負擔影響家庭可支配所得,可支配所得則影響消費與儲蓄結構,所以適當的租稅與社會保險費負擔是左右生活經濟的重要因素,政

府主管單位必須愼重研擬，制訂出適當的負擔標準。

第二、消費者信用的合理化——爲了維護消費者信用市場的健全發展，政府應該制定合理的管理辦法，一方面推展消費者信用，一方面保障使用者的權益。

第三、住宅價格的安定化——高價的住宅負擔不僅左右個人的家庭經濟，也影響了社會的生活品質，必須政府進行干預，維護價格的安定。政府應該開放更多的公有土地，以增加住宅用地的供給，也必須充實捷運系統，縮短交通時間，更應該分散行政和商業中心，以分散人口的聚集。

第四、家計經營的效率化——家計經營的效率與否是影響生活經濟的主要因素。家計支持者應將家庭視同企業，有效率的加以經營，尤其在家計收支與資產運用方面，更需合理規劃，方能達到效率化的目的。

在過去數十年高度經濟成長的過程中，我國家庭的儲蓄結構已有顯著的變化。國人的儲蓄形態已漸由金融性儲蓄朝向實物性儲蓄，尤其是不動產和耐久財的持有率已達國際水準。今後，國人的儲蓄類型，在金融性儲蓄方面，可能會朝向人壽保險與有價證券發展；而在實物性儲蓄方面，貴重金屬、收藏品及會員卡將頗具潛力。只要經濟持續成長，國民所得繼續增加，我國將會邁入儲蓄多元化的時代。

儲蓄是美德還是罪惡，在經濟學界仍有爭論。古典學派認爲，加強儲蓄的結果，社會的資本累積會增加，投資、勞動生產力、勞動報酬及家庭所得也都會增加，對國民經濟有很大的正面作

用。另一方面，凱恩斯學派則認為，加強儲蓄的結果，會使總和需求（aggregated demand）減少，投資、就業水準、勞動報酬及家庭所得也都會減少，對國民經濟具有負面影響。不管誰是誰非，就家庭經濟的觀點而言，儲蓄仍是安定生活和提升品質所必要的措施，也是個人努力的具體成果。

第二節 金融自由化與效率經營

壹、金融自由化的本質

最近，金融自由化的問題正成爲金融界的熱門話題，中央銀行也於民國七十四年三月一起，實施各銀行的基本利率制度，這是我國金融制度邁向自由化的先聲，也是我國經濟制度朝向自由化的起點。自由化是一種世界性的潮流，當我國經濟逐漸邁入國際化時，必然會在外國金融機構的競爭下，採行自由化。此外，自由化也是現代經濟制度發展的必然趨勢，國內的經濟情勢也勢必出現自由化的需求。因此，我們必須以嚴肅的態度，去面對這個趨勢的來襲。財經當局、金融機構、企業和個人都要做好未雨綢繆的準備，共同建立一個經得起考驗的經濟體制。

一談到自由化，或許有人會聯想到自由放任時代的恐怖夢魘，以爲人類又要回到弱肉強食的時代。其實，自由化是要將人類帶入一個公平競爭和效率經營的世界裡，讓人們在公平競爭的制度下，充分發揮個人的才能，高度享受生活的樂趣；也要讓人們在效率經營的機構下，提高勞動生產力，促進社會的經濟成長。由於自然資源已無法無限制開採，人力資源也不能廉價取得，今後的經濟發展唯有依賴勞動生產力的提高以及科學技術的革新方能達成，然而，勞動生產力的提高和科學技術的革新必須在一個公平競爭的制度和效率經營的機構下，才能有效發揮。因此，自

由化與公平競爭和效率經營是息息相關的。

在自由經濟制度下,金融機構是一個最敏感的經濟主體,加上其業務性質具有強烈的國際性,更易於受到國際潮流的影響。在自由化的聲浪中,金融機構自然就成為自由化的先導者。金融自由化是要廢除妨害市場機能的種種限制、開放公平競爭的各項業務,使利率能夠反映金融市場資金的供需狀況,使金融機構的經營更有效率,使金融制度更能配合經濟機能的運作。同時,還要透過自由化的公平競爭,決定均衡價格;然後,在此一均衡價格下,決定金融機構的經營績效。因此,金融自由化是在創造一個公平競爭的金融制度,以提高金融機構的經營效率。

貳、金融自由化與公平競爭

金融制度的不公平競爭是有其歷史背景的。對於一個缺乏生產資源的我國來說,為了要獲得、維持和擴大經濟活動所需的原料,必須取得外匯;而外匯的取得,必須增加出口;為了增加出口,必須加強國際市場的競爭能力;為了加強國際市場的競爭能力,必須降低企業的成本;為了降低企業的成本,必須降低企業的貸款利率。這些理由使政府必須限制金融機構的貸款利率,而且將其限制在反映金融市場資金供需的利率水準之下。貸款利率被限制,金融機構的收益就會減少,經營績效就會降低。為了保障金融機構能夠獲得安定的收益,只得將存款利率限制在貸款利率之下。這就是金融機構的「利差利益」和政府的「低利率政策」的由來。

在限制利率制度下，大額存款者必須與小額存款者享有同一存款利率，大額貸款者也必須與小額貸款者負擔同一貸款利率。依照成本理論，小額存款的存款成本要比大額存款為高，應該接受較低的存款利率。按照淨利計算的交易法則，大額貸款戶應該享有比小額貸款戶更低的貸款利率。限制利率制度製造了平頭式的假競爭，使大額交易的客戶蒙受不公平的待遇，使大額存款戶的資金流出金融市場，也使企業未敢貿然大額貸款，以擴充生產規模。總之，限制利率制度容易產生不公平競爭，造成整體社會的損失。

在利差利益的保護下，金融機構只要增加銷售量（貸款），即可增加收益，而且不管增加多少銷售量，其售價（貸款利率）不必降低。另一方面，不管增加多少生產量（存款），其成本（存款利率）也不必提高。根據邊際收益遞減法則，企業若要提高銷售量，就必須降低售價。根據邊際成本遞增原理，企業若要增加生產量，成本就會增加。利差利益破壞了公平競爭的經濟法則，使金融機構享有長期安定的收益，成為一種具有特殊利益的產業。

在低利率政策下，利率無法反映金融市場資金供需的狀況，致使部份資金流入消費市場，造成物價膨脹；或流入黑市市場，造成地下金融；或是流出本國，造成資金的外流。低利率政策扼殺了自由經濟的價格機能，造成不公平的競爭。尤其，當經濟景氣時，資金的需求殷切，而利率卻維持在很低的水準，使貸款者享有不當的利益，卻使存款者損失應得的利益。

上述限制利率、利差利益以及低利率政策都是妨礙公平競爭

的金融措施，應該適度加以放寬或廢除。金融自由化以後，金融機構不能再依賴政府的特別保護，必須以其本身的能力，去面對客戶的需求和市場的變化。在實施金融自由化的初期，各種存款和貸款利率必會發生波動，可是，經過一段重整的過程之後，利率就會穩定下來，金融機構的經營效率也會大大提高。

公平競爭必須在一個合理的經濟秩序與公平的交易法規下才能維持。如果認為金融自由化就是要廢除所有的秩序和法規，那是很大的誤解。金融自由化所要廢除的只是妨害金融市場的合理秩序以及金融機構的公平競爭之各種限制，對於維持金融秩序以及金融機構健全性的有關規定仍應保留。金融自由化的政策決定，都必須基於市場機能的反映，金融自由化的法規限制，都必須公平地適用於每一個經濟主體。唯有在這樣的條件下，公平競爭的金融制度才能建立；也唯有在一個公平競爭的金融制度下，金融機構的效率經營才能達成。這是金融自由化不可忽略的本質。

參、金融自由化與效率經營

我國金融機構的經營效率較為低落，是有目共睹的。察其原因，不外有兩個因素：外部的限制與內部的缺失。外部的限制，如對金融機構的業務範圍、分支機構的設立等種種限制。內部缺失，如人事費用的偏高、行員專業知識的缺乏等缺失。金融機構受制於外部限制，使業務內容無法革新；由於內部的種種缺失，造成服務品質無法提高。

　　金融商品、服務品質和資金的運用，是金融機構經營效率的指標。我國的金融機構由於缺乏競爭，常不熱中於現有商品的改良或新種商品的開發，而一般人也因各金融機構的業務內容大同小異，常以地緣因素或與行員的關係，選擇交往的金融機構。易言之，分支機構越多，越容易爭取客戶。因此，金融機構常以增設分支機構，作為擴展業務的方法，使金融商品和服務品質無法改善。也造成了金融機構規模不經濟的結果。金融自由化不僅可以改善金融商品的品質，也可以激發金融機構開發新種商品，建立商品導向的金融觀念。如果這個觀念可以普及，便可進一步建立金融商品專利化的制度。政府對於金融機構自行開創的金融商品，必須加以保護，這不僅是公平競爭的原則，也是提高經營效率的必要措施。

　　金融自由化之後，金融機構為了爭取客戶，必須不斷改進服務品質。服務品質有人的服務，如提高行員的專業知識和工作效率，以及改善行員對客戶的服務態度等；有物的服務，如金融機構地點的選擇、金融機構設施的充實，以及小禮物的贈送等；有資料的服務，如金融業務的介紹、金融資料的提供，以及客戶疑難的助言或解答等；有時間的服務，如以自動化機器延長作業時間以及到府服務等。總之，金融自由化之後，金融機構為求生存、求發展，必會主動地去構思、去改進、去爭取客戶，不再坐在銀行裡，等客戶上門，為客戶做些例行的工作。

　　資金的運用對金融機構的經營有很大影響。金融自由化以前，金融機構資金的運用常受種種限制。金融自由化之後，金融

機構除了原有的存款、放款、票據和外匯等業務外，更可配合業務所需，開發相關業務，如債權買賣公司。資金運用的層面擴大，不僅可以提高金融機構的經營效率，也可以擴展金融服務的範圍。

　　總之，在金融自由化的過程中，存款利率可能會因過去低利政策的影響而攀升，貸款利率可能因利差利益的消失而下降。如此一來，經營效率低和成本較高的金融機構，可能無法負擔存款成本的增加和貸款價格的降低，而產生赤字經營。由於品質導向的觀念普及，不重視金融商品和服務品質的金融機構，將會失去企業和存款者的支持。由於資金運用範圍的擴大，不善於運用資金的金融機構，將無法獲得更大利益。因此，在實施金融自由化之後，有些金融機構可能會破產或被其他金融機構所合併。雖然，這將產生一些問題，可是，這種金融重整方式仍是公平、合理的。面對金融自由化的來襲，金融機構必須以更積極的作法，改善經營形態、提高經營效率，才不致遭受被淘汰的命運。

　　由上述分析可以了解，金融自由化最重要問題是政府如何建立一個公平競爭的金融制度以及金融機構如何提高經營的效率。在一個公平競爭的金融制度下，均衡利率自然可以達成；在一個效率經營的金融機構，金融品質自然可以提升。現在，政府已經肯定了金融自由化的價值，而且已經採取了若干具體的措施。可是，金融機構是否已經做好改善經營體質和提高經營效率的準備？企業和個人是否已經做好可能遭受不利影響的心理準備？如果沒有金融機構、企業和個人的密切配合，政府推行金融自由化

的努力，將無法收到預期的效果。因此，政府在全面實施自由化之前，應該透過社會教育或大眾傳播的管道，向國人充分說明自由化的重要性及其對應之道，而金融機構更應該訓練行員新的思考方式及作業態度。唯有全體國人共同努力，金融自由化才能順利推行，公平競爭和效率經營才可達成。

　　一般說來，規模較小的金融機構其經營效率較低，競爭能力也較弱，在實施金融自由化之後，小規範的金融機構可能首當其害，其實，這並非正確的想法。就像在自由經濟制度下，中小企業仍有其重要性一樣，在自由化的金融制度下，小規模金融機構仍可以其特殊的專業性、良好的服務品質以及有效率的經營去爭取客戶，繼續成長。金融自由化所要淘汰的，並非規模小的金融機構，而是要讓不善經營的金融機構退出金融市場。如果金融機構對未來的金融自由化不具信心，應該及早更換經理人員或是與其他金融機構合併。我國金融機構的規模普遍偏小，以致造成經營成本偏高的現象。若能透過金融自由化的重整，擴大金融機構的規模，未嘗不是金融自由化的益處。

第三節 銀行大眾化與大眾化銀行

壹、銀行大眾化

在現代的經濟社會裡，大眾與銀行的關係日益密切。一本銀行存摺代表了個人所得、消費與儲蓄的記錄。個人越依賴銀行，生活資料就越公開；相同地，銀行越大眾化，就越深入個人的家計。銀行的存在與大眾生活息息相關，銀行大眾化就因此產生了。

銀行大眾化的形成至少有三個社會因素：經濟成長率的降低、福利觀念的普及和民主政治的實施。基於這三個因素的變化，銀行經營開始朝著三個方向在演進。

第一、由企業金融趨向消費者金融──在高度經濟成長期，企業的生產能力擴大了，對資金的需求增加了，對利息的負擔能力也提高了，因而成為銀行樂於交易的對象，尤其是大企業和優良企業更是銀行爭取的目標。這種情況由於不景氣和經濟成長的趨緩，造成企業的資金需求和銀行的交易對象之減少。於是銀行不得不開發新市場和招攬新客戶，而大眾就成為銀行的新目標，消費者金融就成為銀行的新業務。

第二、由利潤導向傾向社會責任導向──銀行企業化的結果，產生了利潤導向的經營方式，尤其在高度經濟成長期，銀行的獲利能力特別高，造成了所謂銀行王國的剝削。這種現象與目前盛行的福利觀念衝突，而遭致大眾的攻擊，於是銀行開始重視

其所扮演之社會角色，並加強其社會責任。

第三、由官僚化朝向大眾化──銀行由於其獨特的保守作風，常被大眾譏爲官僚。許多人寧願把錢寄存地下錢莊或參加標會，而不願與銀行打交道，造成了地下金融的蔓延，妨礙工商業的正常發展。由於民主政治的實施，銀行作風逐漸開放，爲了達成金融商品化和效率化的目的，銀行的業務內容和服務品質正不斷充實和改進。

貳、大眾化銀行

大眾化銀行已成現代銀行的表徵。幾乎所有的銀行都朝著大眾化的方向在努力。銀行大眾化的內容包羅萬象。在此僅簡單介紹六種型態：

第一、銀行經營內容的公開（discloser）──爲了表示銀行實施大眾化的誠意，銀行並有限度地公開其經營內容，至少應包括(1)對股東的營業報告(2)對大眾的業務介紹，以及(3)對傳播或研究機構所提供的資料統計。這些可裝訂成冊，供需要者索取。當然，對於個別客戶的資料，銀行的經營機密和其他易生誤解的資料是可以保留的。一般來說，公開的程度可綜合大眾的需要和銀行的考慮而定。美國商業銀行（BOA）對於經營內容的公開，分三大部份（即業務部門、信託投資部門和企業組織社會責任部門），共七十個項目，非常詳細，可供國內銀行的參考。

第二、貸款條件的放寬與手續的簡化──大眾化銀行的基本任務，就是爲大眾提供簡便貸款。目前由於銀行貸款條件的嚴苛

和手續的繁雜，造成地下金融的猖獗。要消泯地下錢莊的活動，最佳的方法就是要放寬貸款條件和簡化貸款手續，尤其對於小額的貸款，應該降低審核標準。日本的三和銀行所實施的clover-card loan，對於審核合格者發給一張貸款卡，可隨時從自動提款中提出五十萬日圓以下的貸款。眞是又簡便，又具實效。

第三、新存款方式的開發——金融旣是一種商品，銀行就應該創造商品的多樣性供大眾選擇。另外，爲了鼓勵大眾儲蓄，銀行應配合農會、合作社、保險公司或信託公司，開辦定額免稅儲蓄存款。日本的銀行有所謂自動連續存款制度，即存款者在存滿一年，可自由提出一部份存款；餘款若存滿半年就依一年定存的利率，計算利息；若存滿一年，則依兩年定存的利率計算。這種制度不僅對存款者提供便利，對存款者的存款也盡了保護之責。

第四、自動化的實施——爲了加強大眾服務和提高金融效率，以電腦爲中心的自動化是勢在必行的。目前最常見的是自動提款機（CD）、自動存款機（AD）以及電腦的連線作業（on-line operation），雖然，自動化可能加重銀行成本和增加電腦犯罪，可是，就其對大眾所提供的方便和金融效率的增加而言，仍是值得推行的。

第五、關連部門與產業的擴充——銀行除了存款放款和匯票外匯的業務外，還須提供客戶有關債券運用、投資方法、稅務法規和其他金融資料。針對這種需要，銀行應成立有關部門，專司其職。此外，爲了配合業務所需，銀行應開發關連產業，如債權買賣公司、徵信公司、投資信託公司、租賃公司……等，以擴大

社會性金融服務的範圍。

　　第六、服務品質的改善───一般人常以銀行的服務品質做為選擇銀行的標準。銀行為了爭取更多客戶，必須不斷改進服務的品質，如前節所述銀行可從人的服務、物的服務、資料的服務及時間的服務等方面去提升服務品質，尤其是自動化的結果，無異延長了銀行的作業時間，對客戶提供了更多的方便。

　　或許有人認為，大眾化的結果，會使銀行業務內容趨於一致，而喪失特殊性。的確，過去的銀行均強調其本身的專業性、集團性和地域性，這是在存有階級區分的社會裡所產生的現象。銀行的大眾化就是要縮小或消除為保護某一階級或某一地域的經濟利益而成立的金融組織，其次，就以保護存款者權力、維持信用秩序和資金的合理分配等銀行的基本功能而言，任何人或企業只要合乎一定條件，均可獲得銀行的服務和保護，不可因人的身份或企業的性質而有不同的待遇。最後，從競爭原理來說，銀行的同質化，有助於業務的改進，並能提高金融效率。

　　因此，唯有大眾化銀行，才是符合當今社會需要的銀行；也唯有銀行的大眾化，才是銀行今後的發展方向。

生活水準理論

第一節　生活水準的內涵

壹、生活水準的定義

生活水準（level of living）是一個社會或家計的生活狀況，一般有狹義和廣義兩種定義，前者指所得、消費和儲蓄等**貨幣性指標**（monetary indicators）的水準；後者除貨幣性指標之外，還包括自然環境、社會環境和文化環境等**非貨幣性指標**（non-monetary indicators）的水準。根據聯合國（United Nations）在一九五四年發表的「生活水準之國際定義與測定方法報告」（Report on International definition and Measurement standard and Levels of Living），有下列幾項說明：

第一、國際適用的生活水準並無單一的指數存在。

第二、生活水準的概念，除物質因素之外，亦應涵蓋非物質因素，而在不同的文化價值觀下，生活水準的測定並無意義。

第三、由於國際通貨換算的困難，無法採用貨幣指數（monetary index）進行國際比較。

第四、基於上述理由，生活水準的研究應以國際上承認的構成因素（components）或與構成因素相關的**統計性指標**（statistical indicators），從事多元性的分析。

第五、國際上承認的構成因素，包括健康（health, including demographic conditions）、食品與營養（food and nutrition）、教育

（education, including literacy and skills）、勞動條件（conditions of work）、就業狀況(employment situation)、總消費與總儲蓄(aggregated consumption and savings)、交通（transportation）、住宅（housing, including household facilities）、服飾（clothing）、休閒娛樂（recreation and entertainment）、社會安全（social security）及人權自由（human freedoms）等十二大項。

　　第六、構成因素是由許多項指標構成，但是，住宅、服飾、休閒娛樂、社會安全與人權自由等因素的不同，難以制定國際定義，而沒有項指標的提示。

　　一九六九年，美國衛生、教育與福利部發表「邁向社會報告」（Toward Social Report），以社會指標（social indicators）測定生活水準。其後，各國相續效尤，我國行政院經濟建設委員會也於民國六十四年六月起，編製「社會福利指標」；行政院主計處亦於民國六十七年起，編製「中華民國台灣地區重要社會指標月報」，並於翌年起，編製「社會指標統計年報」；生活素質研究中心則於民國七十四年出版「中華民國第一次社會報告」，分人口與家庭、醫療保健、教育、工作與就業、經濟、住宅與環境、社會福利、公共安全、交通運輸、社會參與和文化休閒等十一項指標。

　　從家庭經濟的角度來說，生活水準至少可以涵蓋下列幾個指標：

　　第一、家計收入指標，包括收入的高低（如可支配所得的多寡）和收入的形態（如收入的安定性）。

　　第二、家計支出指標，包括消費的量（如消費支出金額）和消費

的質（如消費結構）。

　　第三、家計資產指標，包括金融性資產的多寡（如存款、有價證券等）和實物性資產的擁有情形（如不動產、貴重金屬、收藏品等）。

　　第四、勞動指標，包括就業狀況（如就業的安定性）和勞動條件（如工作時間、工作福利等）。

　　第五、生活意識指標，包括文化意識、生活習慣、生活樣式、生活滿意度等。

　　社會生活指標或家庭生活指標都有正的因素和負的因素，例如，所得金額、住宅面積、平均壽命等等都是正的因素，而物價膨脹率、火災發生率、罹病率等等都是負的因素，將這些正、負因素綜合分析的結果，就可以測定生活水準。在同一個社會中，每一個家庭的生活水準各有不同，但是，可以歸類成不同的生活標準（standard of living）。例如，坎畢斯（N. N. Combish）就將生活標準分類爲貧窮生活標準（poverty standard of life）、最低生存標準（minimum subsistence standard）、健康舒適標準（health and comfort standard）及奢侈生活標準（standard of luxury life）等四種等級。如果中等（the moderate）標準以上的家庭越多，該社會的生活水準就越高；如果家庭的生活水準越高，該社會的生活水準就越高。總之，生活水準和生活標準的問題仍未獲得普遍的共識，仍有待生活科學的進一步研究。

貳、生活水準與貨幣性指標

　　生活水準的內涵包括貨幣性指標與非貨幣性指標，而貨幣性

指標中最重要的因素就是國民生產毛額（GNP），因為GNP是國民所得水準最重要的指標。所謂GNP，是一個社會在一定期間內（通常為一年）所生產的財物和勞務之總和，而以市場價格計算之總金額。GNP涵蓋了個人消費、企業投資、政府支出（移轉性支出除外）和國際貿易的總體狀況，但是，並不顯示個別的具體內容。譬如說，政府支出增加了，到底是教育經費增加了呢？還是國防費用提高了呢？並沒有明示出來。因此，單從國民所得的規模，並無法真正顯示該社會的生活水準，而其具體理由至少有下列幾項：

第一、沒有涵蓋環境破壞與物價膨脹等負面因素。

第二、無法反映人們欲望的變化、生活安全的保障和休閒時間的增加等非經濟因素。

第三、沒有涵蓋政府的社會福利支出、企業的慈善事業和個人的贈與等福利因素。

第四、沒有涵蓋地下經濟的非法因素。

於是，學者紛紛提出對GNP的修正方法，其中較為有名的有下列幾種：

第一、社會目的GNP──包括基本生活、醫療保健、教育文化、休閒活動、農工商生產、土地開發、運輸通訊、社會福利、研究開發、政府行政、國防、經濟合作及淨出口等項目的總金額。

第二、福利GNP──將現行GNP的內容加上產品品質的改良、休閒價值（以休閒的機會成本計算）和家事勞動價值，扣除上下班的交通費用、產品的流通費用及政府的不必要開銷。

第三、**國民福利淨值** (Net National Welfare＝NNW)──包括個

人消費支出、政府資本財和勞務的經常支出、社會資本的方便值、休閒時間、市場外活動，然後，減去生活環境的維護經費、交通事故及上下班時間等都市化的損失。

　　GNP的新觀念雖然有助於凸顯生活水準的內涵，但是，如何測定基本生活、產品品質、休閒價值、政府的不必要支出等抽象概念，學者並無提出具體的方法。因此，在GNP的爭論未獲定論之前，現行GNP仍是測定生活水準最重要的指標。

　　除了GNP的規模、平均每人國民所得（per capita income）、可支配所得等所得水準之外，下列幾種與國民所得有關的指標，亦可反映生活水準的內涵：

　　第一、家計食品支出佔國民所得的比率。

　　第二、社會資本與社會福利費用佔國民所得的比率。

　　第三、個人消費佔國民所得的比率及其指數的變動。

　　第四、投資總額與儲蓄總額佔國民所得的比率及其指數的變動。

　　其次，消費水準也是測定生活水準的重要貨幣性指標。所得消費水準，並非單純的消費支出金額，而是考慮消費者物價指數（consumer price index）的因素之後，所呈現的消費狀況。例如，現在每個月二萬元的消費支出與十年前二萬元的消費支出當然不同，所以不可以單純消費支出金額，從事生活水準的比較。目前，一般均以消費水準指數，解釋消費水準的變動狀況。我們可以設定某一基準期（如民國七十年）的消費支出金額為E_0，消費者物價指數為P_0；而某一比較期（如民國八十年）的消費支出金額為E_1，消

費者物價數爲P_1，那麼，消費水準指數爲：

$$(E_1/P_1 \div E_0/P_0) \cdot 100$$

例如，七十年的消費支出金額爲二萬元，消費者物價指數爲一〇〇；八十年的消費支出金額爲三萬元，消費者物價指數爲一五〇，那麼，消費水準指數爲一〇〇，即消費水準並沒有提高。

在測定消費水準時，除了要考慮物價指數之外，還要考慮家庭人數的變化，如果消費水準指數不變，而家庭人數減少了，那麼，生活水準就應該提高了。此外，日數的計算也很重要，例如，一月份和二月份的消費支出金額如果相等，二月份的消費水準就高於一月份。最後，都市和農村的消費形態不同，單從消費支出金額作比較並無多大意義，所以在選擇調查地區時，必須有周延的檢證分析，才不致產生錯誤的結論。

參、生活水準與非貨幣性指標

生活水準的非貨幣性指標，基本上可以分爲物的指標和文化指標，前者包括營養攝取量、身高體重、居住狀況、水電燃料使用量等；後者包括保健衛生、教育文化、休閒娛樂、生活環境、平均壽命等。在測定各種非貨幣性指標時，首先，必須將不同單位的指標指數化，才能進一步比較。目前，被廣泛採用的是雷諾夫斯基（Jan Drewnewski）所開發的基準點公式。這種方法是先設定臨界點O，表示維持肉體上和文化上所必要的最低標準，以M表示維持肉體上和文化上所必要的最適標準，以F表示維持肉體

上和文化上所必要的充裕標準。ＯＭＦ的基準值（量）是由專家設定，例如，熱量的Ｏ為一二〇〇、Ｍ為二〇〇〇、Ｆ為三〇〇〇；蛋白質的Ｏ為三六、Ｍ為六十、Ｆ為九十。如果某一社會的營養狀況為熱量二五〇〇，蛋白質六五，那麼，依下列公式就可以算出熱量與蛋白質的指數值。

$I_1 = (A-O/M-O) \cdot 100$

I_1：指數值

A：實際值

O：最低標準值

M：最適標準值

計算結果，該社會的熱量指數值為一六二•五，蛋白質指數值為一二〇•八。如果營養狀況只有熱量和蛋白質兩項指標，該社會的營養水準為一四一•六五（即兩者指數值的平均值）。如果營養狀況包括許多項指標，就可以下列公式求出平均指數值。

$I_2 = \sum_o^n I_1 / n$

I_2：指標平均指數值

$\sum I_1$：指標總和指數值

n：指標數

如果某一社會的生活水準已達高度水準，則可採用ＭＦ測定法，即以Ｍ和Ｆ兩個基準點，去計算指數值。

$$I_3 = (A-M／F-M) \cdot 100$$

I_3：指數值

A：實際值

M：最適標準值

F：充裕標準值

如果某一社會的熱量指標爲三五〇〇，蛋白質爲一二〇，那麼，熱量的指數值爲一五〇，蛋白質的指數值爲二〇〇。

　　如果各種非貨幣性指標的比重（重要性）不同，就可以用簡易平均法，計算指標的平均指數值。

$$I_4 = [\sum_0^n ax + by + cz + \cdots\cdots] \div n$$

I_4：指標平均指數值

a,b,c,……：比重值

x,y,z……：指標指數值

n：指標數

如果要比較同一社會的不同年度或不同地區的生活水準，就必須以某一年度或某一地區的生活水準爲基準，去計算另一年度或另一地區的生活水準指數，最簡單的方法是以下列公式加以計算。

$$I_t = (X_t／X_i) \cdot 100$$

I_t：某年度或某地區的指標指數值

X_t：某年度或某地區的指標實際值

X_i：基期或基準地區的指標實際值

一般都將X_i設定爲一〇〇，如果某一年度或某一地區的實際值爲一二〇，那麼，該年度或該地區的指標指數值就是基期或基準地區的一·二倍。當然，如果考慮標準偏差的問題，就必須將I_t除以標準偏差值。

有些指標的實際值越小，生活水準越高，例如，犯罪率、失業率、空氣污染率等。在計算這些非貨幣性指標時，只要將ＯＭＦ的基準值逆數設定即可。例如，失業率的基準值爲〇·一，Ｍ爲〇·〇五，Ｆ爲〇，而實際值爲〇·〇三，那麼

$$I = \frac{0.03-0.1}{0.05-0.1} \cdot 100 = 140$$

即失業狀況的指數值爲一四〇。

肆、生活水準的差異

每個地區都有其特殊的自然環境、經濟環境與社會環境，家庭生活的習慣、樣式和滿足度因而不同，生活水準也因而產生差異。因此，生活水準與地區發展有密切關係，下列就是幾個重要的相關因素。

■人口密度

人口密度越高的地區，在資訊的傳達、保健醫療、交通、購物、娛樂各方面都有其方便性，但是，交通事故、空氣污染、噪音、火災等方面卻有其負面影響，所以人口密度較高的都市地區雖可享受方便的日常生活，卻要忍受惡劣的自然環境，對健康和

人性的維護反而有害。在工業化和都市化的發展過程中，人們為了追求生活的方便，往往向都市移動，因而造成了都市人口過度密集，而鄉村人口過度稀疏的現象，可是，在產業高度發展之後，都市問題益趨嚴重，就會產生都市人口回流鄉村的現象。總之，當人口密度超過某一限界時，生活水準就會降低，人口回流現象就會產生。

■環境破壞

環境破壞越嚴重的地區，生活水準就越低。環境破壞除了由工廠排放出大量廢棄物所產生的環境污染之外，農家所使用的農藥和化學肥料、家庭所使用的清潔劑和所丟棄的垃圾、汽機車所排放的油煙和所製造的噪音等都會破壞生活環境。環境破壞除了有害人體、產生各種公害病之外，也會破壞自然環境，削弱自然的淨化作用，產生各種災害。環境破壞的程度，一般說來，都市比鄉村嚴重、沿海地區比山區嚴重，尤其是臨海大都市，環境破壞的程度最為嚴重。在測定各地區的環境破壞程度時，可以用空氣污染、水污染、噪音、交通事故、公害病患人數與罹病率等指標從事比較，環境破壞程度越嚴重，就越不適合人類居住。

■所得與物價

向高所得地區移動是人類的通性，因為所得較高的地區，也就是生活水準較高的地區。影響地區所得水準的因素，主要是產業結構，一般說來，第三次產業（服務業和高科技產業）較多的地區，所得水準最高，其次是第二次產業（一般工礦業）較多的地區，最低是第一次產業（農村漁牧業）較多的地區。在物價方面，第一次

產業產品是以鄉村地區較爲便宜，因爲較接近產地，無須複雜的行銷過程，但是，第二次和第三次產業的產品則以都市地區較爲便宜，因爲工業產品都在都市周邊地區生產，運輸費用較低。如果物價膨脹率超過所得增加率，生活水準就會降低；如果所得增加率大於物價膨脹率，生活水準就會提高。

■居住水準

　　居住水準是生活水準的重要指標，也是家庭機能的重要因素。某一地區的居住水準可以用每戶平均面積、每戶平均房間數、每一寢室平均人數、自用住宅持有率、平均住宅價格對年所得的倍數等指標加以測定。從個別家庭的觀點來說，除了客廳、餐廳和浴室之外，父母、夫婦和子女應有個別的寢室，這是最基本的居住水準。住宅價格與住宅持有率並無絕對的負相關，例如，歐美住宅價格對年所得倍數遠低於我國和日本，但是，住宅持有率也遠低於我國及日本。一般說來，都市的居住水準低於鄉村，但是，家庭設備水準卻高於鄉村。在家庭設備普及化之後，鄉村的居住水準就會超越都市。

■社會資本

　　社會資本包括公園、綠地、廣場、遊樂場、運動場、體育館等育樂設施；圖書館、美術館、動物園、科學館等文化設施；兒童、老人、殘障、婦女及靑少年等的社會福利設施；醫院、衛生所、保健所等醫療保健設施等。社會資本越多，生活水準就越高，而通常是以設施的種類與數量及每一設施的人口數，作爲測定社會資本水準的依據。一般說來，都市地區的社會資本，除公園綠

地外，均比鄉村地區爲多，這也是人口集中於都市的重要因素。當政府致力於地區平衡發展時，除應重視產業、所得、消費等因素之外，充實社會資本亦爲不可忽略的措施。

■傳統觀念

　　傳統觀念不僅左右家庭生活，也影響地區的生活水準，假設兩個地區的所得水準相同，在傳統觀念上，比較重視生活享受的地區，生活水準就比較高，比較重視勤儉刻苦的地區，生活水準就比較低。一般說來，都市地區比鄉村地區重視生活享受，沿海地區比山區重視生活享受，所以都市和沿海地區的生活水準就高於鄉村和山區。有些地區的傳統觀念比較重視食品，所以**恩格爾係數**（Engel coefficient）就比較高；有些地區則比較重視文教休閒，其所得彈性（income elasticity）就比較高。有時候生活水準很高的地區，居民對生活的滿足度卻很低，這是受到傳統的生活觀所影響，所以在作地區比較時，應特別傳統觀念的問題。

第二節　生活費用理論與測定方法

壹、基礎理論

■生活費的調查

　　早在十七世紀，經濟學創始人之一的柏蒂（Sir William Petty）為了測定愛爾蘭和英格蘭的通商能力和負稅能力，而以中等階級的消費金額乘以人口的方式，推估全國的消費水準和國富。其後，笛佛（Daniel Defore）、馬西（Joseph Massie）、楊格（Arthur Young）等人均以政治算術（political arithmatic）的方法，估算生活標準，以測定英國的國富。一七九七年，伊蓮（Sir Frederic Morton Eden）以問卷調查的方法，調查農業勞動者的家計，而出版三巨冊的《貧民狀況》（*The State of the Poor*）。調查結果發現，貧窮的原因並非所得不足，而是不當的消費，因而建議英國政府重新檢討當時的救貧政策，改採互助方式。一八五五年，布雷（Frederic Le Play）則以歐洲各國典型勞動者爲對象，調查其家庭生活，而出版《歐洲勞工》一書。一八五七年，恩格爾在《薩克森王國的生產與消費》一書中，以平均消費額測定國民福祉；一八九五年，恩格爾則在《比利時勞工家庭之生活費》一書中，提出著名的恩格爾法則。二十世紀以後，家計調查普受重視與採用，不僅用於生活經濟面，也用於公共政策面，對問題的解釋與政策的掌握，都具有重要的功能。

■恩格爾法則一般化

一九三五年，亞蓮 (Roy George Douglas Allen) 和鮑利 (Sir Arthur Lyon Bowley) 在其合著的《家計支出》(*Family Expenditure, A Study of Its Variation*) 論文中，提出恩格爾法則一般化 (generalization of Engel's Law) 的理論，以線型迴歸處理各種消費支出，以測定各種消費支出的恩格爾係數。其迴歸方程式為

$$y = ke + c$$

y：某種消費支出金額

k：邊際消費支出傾向（即收入或支出的變動／消費支出的變動）

e：收入或消費支出總額

c：當收入為○時所必需的消費支出金額

每一種消費支出的k和c的值均不相同，假設服飾的k值為○‧一八，c值為一○○○元，那麼，當收入為二萬元時，服飾費用為四六○○元。當然，如果考慮到偏差，就可以下列公式計算：

$$y = ke + c + v$$

y：觀測值

v：偏差值

恩格爾法則一般化的結果，恩格爾係數將不限定於食品支出，各種消費支出均有恩格爾係數，而且變動狀況也各不相同。恩格爾法則的擴大應用，為生活費的測定方法提供了更廣泛的研究空間，對家計問題的掌握提供了更確實的研究方法。

■緊急尺度

在上述消費支出的迴歸方程式中，若$\bar{y}$代表某一家計消費支出金額，$\bar{e}$代表所有家計平均消費支出金額，那麼：

$$\bar{y} = k\bar{e} + c$$

$$c = \bar{y} - k\bar{e}$$

代入 $y = ke + c$

則 $y = ke + (\bar{y} - k\bar{e})$

設 $\bar{w} = \bar{y}/\bar{e}$

即 $\bar{y} = \bar{w} \cdot \bar{e}$

則 $y = ke + (\bar{w} \cdot \bar{e} - k\bar{e})$

$$y = ke + (\bar{w} - k)\bar{e}$$

$$c = (\bar{w} - k)\bar{e}$$

$\bar{w} - k$的值就是所謂的**緊急尺度**（scale of urgency），正數值越大，表示緊急度越高；負數值越大，表示緊急度越低。由於 $\bar{w} - k = c/\bar{e}$，收入額 $\bar{e}$ 越高，$\bar{w} - k$的值越小，也就是緊急度越小，所以所得越高時，必需性消費支出的緊急度會降低，相反地，奢侈性消費支出的緊急度則會提高。根據這個方式計算各種消費支出的緊急度，就可以測出家計消費支出的優先順序。

■生活費指數

以某年為基期，在各種消費物價不同漲幅下，另一年度的**生活費指數**（index of living costs）可依下列公式計算：

$I = 100 \, \Sigma(\bar{w}_i \cdot r_i)$

I：生活費指數

w_i：i 項消費支出比率（$\bar{w}_i$：平均消費支出比率）

r_i：i 項消費價格上漲率

依**表 7-1** 所設定的資料計算，則

$I = 100 \, (0.6 \cdot 1.25 + 0.16 \cdot 1.56 + 0.12 \cdot 1.875 + 0.08 \cdot 1.725 + 0.04 \cdot 1.725) = 143.16$

消費支出	$\bar{w}$ (A)	k (B)	$\bar{w}-k$ (C)	r (D)	p (E)	$p \cdot k$ (F)
食品	0.60	0.36	0.24	1.25	-0.18	-0.0648
居住	0.16	0.06	0.06	1.56	0.13	0.0078
服飾	0.12	0.18	-0.06	1.875	0.445	0.0801
水電燃料	0.08	0.016	0.064	1.725	0.295	0.0047
雜費	0.04	0.384	-0.344	1.725	0.295	0.1133
合計	1.00	1.00				0.1411

表 7-1：家計特性值實例

若進一步考慮到收入或支出金額的變動因素，那麼，生活費指數的計算公式可依下列方式導出：

設 $p_i = r_i - I/100$（i 項消費價格上漲率與生活費指數的 1/100 之差）

　　$r_i = I/100 + p_i$

則 $I = 100 \sum [\bar{w}_i \cdot (I/100 + p_i)]$

$\quad = I\sum \bar{w}_i + 100 \sum \bar{w}_i \cdot p_i$

$\because e_i = k_i e + C_i$　(e_i：i項消費支出金額)

$\quad C_i = (\bar{w}_i - k_i)e$

$\therefore e_i = k_i e + (\bar{w}_i - k_i)e$

則 $Ie = 100 \sum (e_i/e \cdot r_i)$　(Ie：消費支出金額之生活費指數)

$\quad = 100 \sum [e_i/e(I/100 + p_i)]$

$\quad = 100 \sum (e_i/e \cdot I/100 + e_i/e \cdot p_i)$

$\quad = I\Sigma e_i/e + 100 \sum (e_i/e \cdot p_i)$

$\because \Sigma e_i = e$，即 $\Sigma e_i/e = 1$

$\because Ie = I + 100 \sum \{p_i[k_i e + (\bar{w}_i - k_i)\bar{e}]/e\}$

$\quad = I + 100 \sum \{p_i[k_i + (\bar{w}_i - k_i)\bar{e}/e]\}$

$\quad = I + 100 \sum \{p_i \cdot k_i + w_i \cdot p_i - p_i \cdot k_i \bar{e}/e)$

$\because \Sigma w_i \cdot p_i = 0$

$\therefore Ie = I + 100 \Sigma p_i \cdot k_i - 100 \Sigma p_i \cdot k_i \bar{e}/e$

$\quad = I + 100(1 - e/e)\Sigma p_i \cdot p_i$

根據表 7-1 的實例，如果收入或支出增加一倍，那麼，$\Sigma p_i \cdot k_i = 0.1411$，若以支出總額的二倍計算，即 $e = 2$，代入上式後，即可算出生活費指數為一五〇；相反地，如果以支出總額的一半計算，即 $e = \frac{1}{2}$，生活費指數為一二九·〇五。

即 $I_2 = 143.16 + (1 - \frac{1}{2}) \times 0.1411$

$\quad = 150.215$

$$I_{\frac{1}{2}}=143.16+(1-1/0.5)\times 0.1411$$
$$=129.05$$

貳、社會指標測定法

■一籃市價方式

　　關於最低生活費用或貧窮線（poverty line）的測定方法，最早是由羅特俐（B. S. Rowntree）所開發的一籃市價方式（market basket method）。這種方式是根據營養學或生活科學的判斷，將維持生命所需之營養和獲得這些營養所必要之食品種類和數量分門別類，然後，以市場價格換算這些食品所需之金額，這就是最低的食品費用。以同樣方法，將居住、服飾、保健和雜費等必要最低量的消費數量，乘以市場價格後，就可算出最低的居住費用、服飾費用、保健費用和雜費。最後，將所有費用合計，就是最低生活費用。

　　關於最低食品費用的測定，可以先設定標準家庭的條件，如成員人數和家庭結構，計算其個別所需之營養量，如熱量（calorie），再計算每人平均所需之營養量，然後，將食品類型分為主食、副食、調味品及嗜好品等項目，而將主食分為米、麵等，將副食分為魚類、肉類、蔬菜等，將調味品分為醬油、味素、食鹽、糖等，將嗜好品分為飲料、菸酒等，並將平均營養量分配至各食品項目中，最後，將該營養量之食品換算成市場價格，並將其金額合計，即可算出該家庭平均每人之最低食品費，若乘以該家庭人

數，即為該家庭之最低生活費。(表 7-2)

(單位：卡，元)

成員結構		所需熱量
35歲家長		2,190
30歲妻子		1,850
9歲長男		2,100
4歲長女		1,400
平　　均		1,885
食 品 項 目	熱量	金額
1.主　　食	1,367	780
米	699	500
麵	668	280
2.副　　食	397	1,210
魚　類	137	360
肉　類	150	530
蔬　菜	110	320
3.調味品	121	140
醬　油	—	60
食　鹽	—	30
糖	—	50
4.嗜好品	—	120
1.2.3.4.合　計	1,885	2,250

表 7-2：最低食品費之計算實例

　　營養攝取量雖有科學的客觀標準，但是，在相關食品的選擇上，卻有不同的看法，例如，蛋白質要從肉類中取得呢？還是從其他食品取得？可能會因人而異，如果食品的撰擇不同，食品費用當有差異。此外，食品的購買方式、料理方式和食用方式也十分紛歧，如果這些方式不決定，食品費用就難以決定。至於食品以外的消費數量，常涉及主觀判斷，例如，最低量的居住、服飾

或雜費，實難以科學方法加以判定。羅特俐在其《貧窮——都市生活的研究》(*Poverty: A Study of Town Life*, 1901) 中，以「從任何角度觀察，都應判定為最低的程度」，作為最低 (minimum) 的標準，這種說法無啻承認判定者的主觀認定，缺乏科學的依據。

用一籃市價方式測定家庭的最低生活費時，爭議更多，技術更難突破，因為要涉及家庭成員的人數和年齡結構。一般說來，成員人數越多，越有規模經濟的效益，平均每個人的最低生活費會越少，但是，費用減少比率應為多少呢？這是十分難解的問題。此外，年齡的不同，最低生活費亦應有異。例如，嬰孩、兒童及青少年等未成年家庭成員的最低生活費，理論上，應隨年齡的提高而增加，但是，增加率應如何判定才是合理，卻難以獲得共識。因此，在測定家庭的最低生活費時，標準家庭的設定 (例如，家長年齡及未成年子女的年齡與人數) 是最需克服的難題，尤其在三代同堂尚十分普及的我國家庭制度下，標準家庭的設定更為困難。

隨著經濟的成長和所得的增加，家庭的生活內涵日趨多樣化，生活水準也不斷提高，以一籃市價方式設定的最低生活費，與實際的生活內涵和生活水準比較，差距將會逐漸擴大，而形成不切實際的最低生活費。因此，對現代社會而言，一籃市價方式已喪失了時代的意義。

■恩格爾方式

恩格爾方式 (Engel method) 是以一籃市價方式測出最低的食品費用，然後，除以恩格爾係數，以算出最低所得或消費 (所得等於消費) 的方法。其計算方法如下：

第一、設定標準家庭模型，例如，家長三十五歲，妻子三十歲，長男九歲，長女四歲之四人家庭。

第二、以該標準家庭的消費支出和食品費用，計算該家庭的恩格爾係數。

第三、以一籃市價方式測定標準家庭的最低食品費用。

第四、以最低食品費用除以該家庭的恩格爾係數，算出該家庭的消費支出總額，即最低生活費用。

以上述方法算出的最低生活費，是沒有病人、老人、產婦、殘障者或接受自費教育之子女等特殊條件的標準家庭。

另一種方法是將某一地區的家計調查資料中，取出數種所得階層的恩格爾係數，再推估最低生活費的恩格爾係數（二次迴歸線上之延長線），最後，再以最低食品費用除以最低生活費的恩格爾係數，就可得出最低生活費用，即

最低生活費＝最低食品費用／最低恩格爾係數

恩格爾方式僅以食品費用為計算依據，可以避免食品費以外生活費用最低量的理論性爭論，該部份是隱藏在實際的生活費中，所以有些學者認為，恩格爾方式應屬於生活費指標測定法。但是，恩格爾方式的最低食品費用，是以一籃市價方式測定，是一籃市價方式的擴大應用，所以應與一籃市價方式一同視為社會指標測定法。就理論上說，恩格爾方式具有一籃市價方式的缺點；就實務上說，恩格爾方式的最低生活費與平均生活水準的差距也會逐年擴大，必須採取縮小措施。

在貧窮地區，最低所得階層的恩格爾係數往往會產生低於較高所得階層的現象，這是因爲極度貧窮的結果，使最低所得階層不得不削減必要的食品費用，而隨著所得的提高，就漸有能力增加食品費用，而使恩格爾係數提高，這就是所謂的「恩格爾法則停止現象」。若在這種地區採用恩格爾方式計算最低生活費，結果將會偏高，因爲最低恩格爾係數偏低；若以此一結果作爲生活扶助的標準，將使生活扶助對象大幅增加，加重政府的財政負擔。因此，在有恩格爾法則停止現象的地區，不宜採用恩格爾方式制定最低生活費。(圖 7-1)

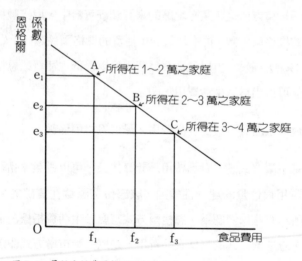

圖 7-1：最低生活費恩格爾係數之推估

參、生活費指標測定法

■家計支出始發點方式

　　家計支出始發展點方式是日本學者森田優三採用亞蓮和鮑利
的家計支出理論，所開發出來的最低生活費理論。這種方式是將
所得階層的消費支出分爲食品、居住、服飾、水電及雜費五種，
以線形迴歸的方式，測定生活緊急度的順位，當緊急度最低的雜
費和服飾費爲零時，亦即雜費和服飾費的迴歸線始發點，就是最
低生活費。由**圖 7-2** 各種消費支出的線形迴歸可知，雜費和服飾費

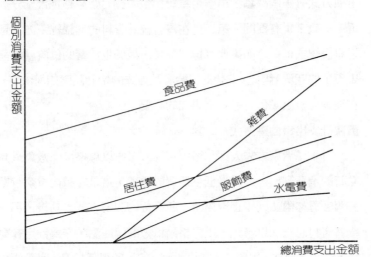

圖 7-2：線形消費支出結構

的斜率最高，即生活緊急度最低，兩者始發點幾乎一致，亦即在
貧窮線上的人們均無雜費和服飾費的支出，這時的所得就是最低
生活費，因爲低收入者支出的所得彈性爲一，即支出的增加比率
等於所得的增加比率。這種方式，理論上可以用下列公式導出：

$$e = a + b \log i$$

e：各種消費支出金額

i：所得金額

a,b：迴歸係數

當e＝爲數字0時，

$$\log i = -a/b$$

這種方式有兩個缺點，第一是雜費和服飾費的始發點是否十分接近或一致？實有疑問。第二是在沒有統計資料的迴歸線下方，是否呈直線式延長？如果非直線式延長，最低生活費的位置就會呈現不定的狀況。因此，家計支出始發點方式的始發點應如何決定，在理論分析上，仍有進一步研究的必要。

■家計支出轉曲點方式

　　日本學者家本秀太郎和籠山京等人，曾以恩格爾係數爲最高點時的消費支出，作爲最低生活費的標準，這是在戰後貧窮時期有明顯恩格爾法則停止現象時，所採行的測定方式。其後，另一學者奧村忠雄加以修正，以恩格爾係數的轉曲點，作爲判定貧窮線的依據。現在，用**圖 7-3** 加以說明。如果所得低於B，家計便會控制消費支出，尤其會節省不必要的食品費用，恩格爾係數便會急速降低，這個轉曲點 f 所對的家計所得（含家計支出和稅金），就是第二貧窮線，或第二生存線。如果所得低於〇，家計便會縮減食品以外之消費支出，而使恩格爾係數急速提高，這個轉曲點 g 所對的家計支出（含家計所得和負儲蓄），就是第一貧窮線或第一生存線。最低生活費要採用第一貧窮線方式，還是第二貧窮線方式，

則依其經濟社會的發展程度而定，在經濟高度發展的社會裡，宜採用第二貧窮線作為最低生活費的標準。這種方式必須仰賴正確的家計調查資料，如果資料有誤，就會產生偏差。問題是，生活狀況並非容易掌握，尤其是低所得階層的生活狀況更難把握。因此，在應用此一方式時，對家計資料的檢證必須十分慎重。

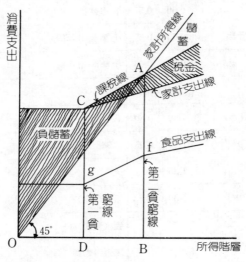

圖7-3：家計貧窮線模型

■消費單位方式

日本勞動科學研究所曾於一九五四年，動員營養、生理、病理、心理及社會科學家從事大規模的生活費用與身心狀況（如營養狀況、體力、體格、知能等）和生活狀況（如居住、服飾、文化生活等狀況）關係的研究。結果發現，生活費用達某一水準時，兩者的關係會趨於淡薄，同時發現，有兩次轉換點，於是，將第一次轉換點的生活費用，判定為最低生活費用，並稱之為維持個人生活所必

食品消費			非食品消費	
	男	女		
嬰兒	0.25	0.25	嬰兒	0.30
1～3 歲	0.50	0.40	1～3 歲	0.40
4～6 歲	0.60	0.55	4～6 歲	0.40
小學 1～3 年級	0.65	0.60	小學 1～3 年級	0.45
小學 4～6 年級	0.70	0.65	小學 4～6 年級	0.50
中學	0.90	0.80	國中	0.80
輕度作業	1.00	0.80	高中	0.90
中度作業	1.15	0.95	大學	1.00
重度作業	1.35		夫	1.00
激烈作業	1.50		妻（無業）	0.70
			妻（有業）	0.90
			未婚勞動者（有業）	1.00
			未婚勞動者（無業）	0.90
			已婚勞動者（有業）	1.10
			60 歲以上男性就業者	1.00
			60 歲以下女性就業者	0.80
			60 歲以上女性不就業者	0.60

資料來源：多田吉三著，《生活經濟學》，晃洋書房，307 頁

表 7-3：勞動科學研究所之消費單位標準表

需之基本消費單位。研究人員進一步將不同的年齡、性別和工作性質的個人所需之消費單位比較研究，而訂出**表 7-3**的消費單位標準表。根據這個標準表的消費單位數和基本消費單位的金額，即可測出家庭的最低生活費用。例如，一個包括從事輕作業勞工、妻子及三歲男孩的家庭，其食品消費單位應為二‧三，非食品消費單位應為二‧一，如果每一單位的食品費用為三○○○元，非食品為二○○○元，那麼，該家庭的最低生活費為一一一○○元。消費單位方式雖然極具科學性，但是，由於必須採用的指標太多，指標撰擇的適當性和指標解釋的統一性，仍有待更精細的研究。

第三節　生活保護的原則與措施

壹、生活保護的基本理念

■貧窮的定義與因素

貧窮（poverty）是任何一個時代的任何一個社會都存在的現象，即使在一個富裕的**福利國家**（welfare state），貧窮仍是政府無法克服的難題。所謂貧窮，是指個人或家庭的可支配所得低於該社會所訂定之最低生活費標準者；個人或家庭的可支配所得佔最低生活費標準的比率，就是所謂的**貧窮比率**（poverty ratio）；根據貧窮比率，可以將該社會的貧窮狀況分為各種等級，例如，一級貧窮、二級貧窮、三級貧窮等。由此看來，最低生活費標準或貧窮線不僅是測定貧窮程度的指標，也是提供生活保護的依據。

造成貧窮的原因，根據蓋布里斯（John K. Galbraith）在其《富裕社會》（*The Affluent Society*, 1958）一書所述，有個人貧窮（case poverty）和鄉土貧窮（insular poverty）兩種，前者如傷病、殘障、失業、年老或教育的不足；後者如人種、家庭、地區或就業環境等。一般說來，老人和殘障者陷入貧窮的機率最大，單親家庭、失業者和少數民族的貧窮現象也十分普遍。個人或家庭一旦陷入貧窮，就難以脫離，因為貧窮有惡性循環的特質。貧窮者大都無法接受良好的教育，難有一技之長，而缺乏充分的就業機會，尤其是高所得的就業機會；另一方面，因生活環境惡劣，健康狀況

較差，而極易陷入貧窮。此外，貧窮也有繁殖作用，一個貧窮家
庭往往會繁衍成眾多的貧窮家庭。加上人口的老化和破碎家庭的
增加，如果沒有社會福利的生活保護，貧窮人口當會增加。

■生活保護的內涵

貧窮不僅會影響一個社會的生活水準，也會製造許多社會問
題，尤其是**文化貧窮**（cultural poverty），更具有降低文化水準的作
用，而貧窮者的犯罪，更是不可忽視的社會問題。因此，自古以
來就有各種救貧措施，英國早在一三八八年，就有救貧法（Poor
Law）的制定，但是，在貧窮就是罪惡的觀念下，當時的救貧法大
都採取懲罰主義，即使是一八三四年的新救貧法，也規定接受救
濟者必須公布姓名，而且不能享有選舉權。目前，各國所實施的
社會救助（social assistance）也大都規定有資力調查（means test）
的程序，而且或多或少都有屈辱感（stigma）的精神。一九六六年，
英國將國民救助（national assistance）制度改為**補充給付**（supplemen-
tary benefits）制度；一九八八年，將補充給付制度改為**所得補助**
（income supplementary）制度，其用意均在減少資力調查的複雜性
和接受補助者的屈辱感。

生活保護是政府對貧窮者或貧窮家庭所實施的生活救濟措
施，與國民互助的社會保險（social insurance）完全不同，前者的經
費來自租稅（tax），是事後的救貧措施；後者的經費來自保險費
（premium），是事前的防貧措施。生活保護一般分為基本扶助（或
生活扶助）和特別扶助兩種，前者是根據最低生活費標準所制定的
扶助；後者是依家庭結構的特性或家計支出的特別需要而提供的

扶助。特別扶助有對單親家庭、年金家庭、殘障者家庭的特別扶助以及住宅、教育、醫療、就業或創業、喪葬等特別需要所提供的扶助。我國的社會救助制度有生活扶助、醫療補助、急難救助與災害救助四種，但是，急難救助是一般的家計支持者發生意外，致使家計陷入困境時所提供的救助，理論上，已符合貧民的資格，應可接受生活保護，所以無須另立急難救助項目。至於災害救助，是為一般國民所提供的臨時性救助措施，而非針對貧民提供的正常性救助措施，所以不宜列入生活保護措施。

■生活保護的原則

第一、政府責任原則——任何國家的憲法對其國民的生存權都有明確的規定（我國憲法第十五條）。生存權是國民的權利，也是政府的責任。當國民因貧窮而遭受生存的威脅時，政府有責任保護其生活，扶助其自立。因此，對所有國民提供生活保護措施，是政府必須承擔的責任。

第二、平等原則——國民無分男女、宗教、種族、階級、黨派在法律上一律平等（我國憲法第七條）。凡合乎政府所規定之生活保護要件者，應平等接受保護。若只對某種特殊團體（如軍人、公務人員或難胞）採取優惠的生活保護措施，理論上，是違反憲法的平等原則。

第三、最低生活保障原則——生活保護的基本精神在於最低生活的保障，而最低生活並非只是維持生命所必要的基本生活，還必須涵蓋衛生保健、教育文化等廣義的生活水準。因此，生活保護的標準應以生活水準的觀念加以訂定，並對特殊的需要提供

特別扶助。

第四、補充原則——可支配所得低於最低生活費標準，而充分運用其資產（含金融性資產和實物性資產）、工作能力和扶養義務等資力後，仍然無法維持最低生活者，始得成為生活保護的對象，這就是生活保護的補充原則。但是，資產的認定十分複雜，扶養行為的強制執行極為困難，若無嚴格、合理的資力調查，可能會發生有資產者接受生活保護，而沒有扶養行為的低收入者卻無法接受生活保護的現象。

第五、公私分離原則——生活保護是政府的責任，不可因為民間慈善機構的分擔，而完全推卸政府的責任，因為政府的生活保護是國民的權利，民間的慈善活動是慈善家的恩惠，兩者的本質是完全不同的。但是，接受慈善機構收容或救助者，可視為扶養行為，其所接受的生活費用須從生活扶助中扣除，以避免雙重保護的缺失。

第六、家庭單位原則——生活保護的對象應以家庭為扶助單位，並依家庭結構的不同（家庭成員的人數、性別、年齡等），提供不同的扶助金額。若以個人為扶助單位，則家庭成員越多、年齡越低的家庭越有利，單身或夫妻兩人的家庭最為不利。

第七、行政統一原則——對於領域較小、生活水準差距不大的社會而言，生活保護的行政體系有統一的必要，若由各地方政府個別制定實施，就容易產生不公平的現象。最好的方法是由中央政府制定生活保護法，統一行政組織、區分地區等級和扶助標準、提供必要經費；另一方面，則由地方政府負責執行業務。

　　第八、預算無限原則──生活保護是政府最重要的責任，不得因預算的限制，而不善盡責任。若當年度的預算不足以支應生活保護費用，應以借支方式，由國庫補足，再列入下年度預算。

貳、我國的生活保護措施

■制度概要

　　我國的社會救助制度包括生活扶助、醫療補助、急難救助、災害救助及救助設施等五項措施，其中，急難救助和災害救助係以一般人在遭逢急難或災害事件時，所施與的救助措施，而救助設施係依照兒童福利法、殘障福利法、老人福利法及其他社會福利法規，所設置之救助措施，這三種社會救助措施均非以貧民（低收入者）為主要對象，就本書對生活保護所下的定義而言，並不屬於生活保護的範疇。此外，社會救助法對於有工作能力的貧民，規定施與技能訓練、就業輔導、創業輔導或以工代賑方式補助其自立（第十條）。因此，我國的生活保護措施包括生活扶助、醫療補助及就業輔導三種措施。

　　我國生活保護措施的主管單位，中央為內政部，省市為省市政府，縣市為縣市政府，其中，內政部負責制定和修訂法規，提供經費補助；省市政府負責制定最低生活費和生活扶助標準的等級，並提供經費補助；縣市政府負責審查和扶助業務，編列預算支應，並得定期舉行勸募社會救助金。就地方的行政體系而言，可以分為台灣省政府、台北市政府及高雄市政府三個系統，各個系統的最低生活費標準、生活扶助標準、各種扶助措施及實施狀

況不盡相同，因而極易產生不公平的現象。

　　台灣省的生活扶助經費，是由內政部負擔四十％，省政府和縣市政府共同負擔六十％；台北市和高雄市的經費，則由內政部負擔三十％，院轄市負擔七十％。至於醫療補助和就業輔導措施的經費，則由各地方政府自行負擔。

■最低生活費標準

　　我國最低生活費標準有兩種方式，第一是根據上一年度政府公布之家庭每人平均所得的三分之一範圍內訂定（台灣省與高雄市），第二是根據上一年度家庭平均經常性支出的四十％範圍內訂定（台北市）。七十九年度，台灣省及高雄市的最低生活費標準為三二〇〇元，台北市為四〇五〇元。

　　第一個問題是，以平均所得和平均經常性支出為測定基準的缺失。生活水準與所得水準雖有密切關係，但是，兩者在本質上是不同的，理由是所得涵蓋租稅和儲蓄，如果租稅比率和平均消費傾向都很高，消費性支出比率和生活水準就會降低。因此，以平均所得計算最低生活費的方式實有改進的必要。至於用經常性支出作基準也有其缺失，因為經常性支出包括消費性支出和非消費性支出，如果非消費性支出比率很高（目前，台灣省和高雄市為十八％左右，台北市為二十％左右），消費性支出比率和生活水準就會降低。因此，以經常性支出作基準也非適當。

　　第二個問題是，以三分之一和四十％作為測定比率的缺失。事實上，這個數據並無充分的理論基礎，如果所得水準和支出水準都很高，最低生活費或許在這個比率以下即可；如果所得水準

和支出水準都很低，以這個比率計算貧窮線或許不能維生；如果
這個比率不是固定的，可以隨情況調整，那麼，這個比率就失去
了意義。此外，以這個比率計算最低生活費，完全忽略了物價波
動的因素，如果某一年度的物價上漲了五％，而所得水準和支出
水準都維持不變，甚至降低（所得可能因不景氣而無法提高，支出可能
因勵行節約而不增加），理論上，最低生活費就不會改變，甚至要減
少，就違反了最低生活費的原則。因此，以固定比率計算最低生
活費，不僅沒有科學性的意義，也會造成實務上的困難。

■生活扶助標準

　　台灣省和高雄市的低收入戶分為三類，第一款（或第一類）為
全戶人口均無工作能力、無恆產、無收益，非靠救助無法生活者；
第二款（或第二類）為全戶人口中有工作能力者未超過三分之一，
而全戶總收入未超過全戶最低生活費三分之二者；第三款（或第三
類）為全戶人口中有工作能力者未超過三分之一，而全戶總收入未
超過全戶最低生活費者。台北市的低收入戶也分為三類，生活照
顧戶是全戶人口均無工作能力、無恆產、無收益，非靠救助無法
生活者；生活輔導戶為平均每人每月所得在四○五○元以下者；
此外，還有非低收入戶的臨時輔導戶（即清寒戶），是平均每人每月
所得在五四○○元（即超過最低生活費三分之一）以下者。

　　台灣省和高雄市的第一款（類）低收入戶生活扶助標準為每人
（不分戶長和被扶養者）每月二一○○元，不限人數；第二款戶長不
支給生活扶助，但是，十五歲以下之被扶養者每月支給一五○○
元，以二人為限；第三款則只有醫療補助、三節慰問等特別扶助，

而無固定的生活扶助。台北市的生活照顧戶，年齡在七十歲以上者每月三六○○元，七十歲以下者每月三○○○元，被扶養者每人每月三○○○元；生活輔導戶只能接受醫療補助、住宅補助、子女教育補助及三節慰問等特別扶助；臨時輔導戶則只能接受醫療補助、住宅補助及子女教育補助等特別扶助。

　　理論上，家庭所得若低於全戶最低生活費者，政府應補足其差額，以維護該家庭的最低生活水準。但是，我國的生活扶助卻只以全無收益者為扶助對象，對有收益者之家庭，並不補足其收益與最低生活費之差額，所以未能充分保障低收益家庭的最低生活。至於無收益家庭之生活扶助金額也都未達最低生活費用標準，根本無法充分保障無收益家庭的最低生活。此外，我國的生活扶助金額是以戶長和被扶養者人數的總和計算，完全不考慮規模經濟的問題。一般說來，家庭人數越多，越有規模經濟，每人平均生活費用越少，所以生活扶助金額應隨家庭人數的遞增適當給予減額才是合理。我國的生活扶助也不考慮家庭成員的年齡問題（台北市僅對七十歲以上者給予特別考慮），甚至性別問題，雖然公平，卻不合理，也是值得檢討的問題。

　　關於生活扶助的地區性差異，台灣省和高雄市的生活扶助標準只佔最低生活費用的六五・六％，台北市則佔七四％，顯然後者優於前者。台灣省和高雄市的家庭收益低於全戶最低生活費三分之二者，仍能享有被扶養者的生活扶助，可是，台北市的生活輔導戶卻未能享有生活扶助。例如，家庭收益平均每人每月為二○○○元者，台灣省和高雄市發給被扶養者生活扶助，而台北市

則不發給，似乎有欠公允。此外，台北市的臨時輔導戶之家庭收益已超出全戶最低生活費用，是否有必要納入生活保護對象，頗值得商榷。就以五口之家爲例，其月所得在二七○○○元以下者均爲臨時輔導戶，均可享受特別扶助，另一方面，台灣省和高雄市的第三款低收入戶之家庭收益則不能超過全戶最低生活費用，五口之家最高爲一六○○○元，與台北市的臨時輔導戶比較，相差一萬一千元，殊不合理。

■特別扶助措施

我國生活保護措施的特別扶助有醫療補助、住宅補助（包括住宅興建和住宅整修等）、家庭補助（包括兒童補助和家庭補助）、子女教育補助、三節慰問及喪葬處理等。目前，醫療補助已納入低收入戶健康保險制度，由政府負擔全額保險費和部份負擔費用，由醫療機構負擔掛號費。地方政府均興建平價住宅，供低收入戶居住，對於未能進住平價住宅者，則提供住宅補助。凡死亡而無遺屬與遺產者，應由當地鄉鎮或市區公所代爲埋葬。

最值得檢討的問題是，低收入戶的健康保障措施應以社會保險或以社會救助的方式處理？本書基於下列三個理由，認爲以社會救助方式處理爲宜。

第一、健康保障應該涵蓋保健、醫療、復健、重建的概括性措施，而健康保險一般只提供醫療給付，而其他保健和復健經費大都自行負擔或投保民間保險。低收入者根本無力負擔這些費用，所以應由政府提供免費的保健服務。

第二、社會保險的三個基本原則是：繳納保費享受給付、危

險分攤和大數法則。低收入者不繳納保費,也不能分攤危險,更違反大數法則,所以不宜以社會保險方式實施。

第三、社會保險所提供的服務是**必要最適量**(necessary opti-mum);社會救助所提供的服務是**必要最低量**(necessary mini-mum),前者是由保險醫生決定,後者是由公務醫生(公務人員)決定。若採社會保險方式,在論量計酬的診療報酬制度下,必然造成醫療費用的浪費與高漲;在論件計酬的診療報酬制度下,則將造成醫療品質的低落。因此,低收入戶的健康保障制度宜採社會救助方式。

第二個問題是子女的教育補助。為了防止貧窮的惡性循環,對貧民子女的教育應特別重視,扶助其子女脫離貧窮的深淵。我國的現行制度只對接受義務教育的子女提供少額的補助,對接受自費教育的子女,則提供獎助學金。為了扶助貧民子女接受教育,政府對於接受教育的貧民子女,應一律提供教育補助,直到大學畢業,而補助內涵應包括學雜費、文具費、交通費、畢業旅行費用等。協助貧民子女自立,不僅可以防止貧窮的繁殖,更可培植更多的健全家庭。

■行政程序

申請貧民資格的行政手續,是由申請人(本人、法定代理人或里幹事)在政府規定之期間內,向里辦公室提出申請,經里幹事實地調查後一週內,送區公所審核,區公所於審核後十日內,送社會局複查,複查結果由區公所通知申請人,自申請之日起生效。

生活扶助的申請原則有二,第一是公正原則,第二是效率原

則。由里幹事負責實地調查，是否符合公正原則？在規定期間內申請，是否符合效率原則？這是頗值得探討的問題。如果里幹事的專業知識不夠，甚至意氣用事，調查結果的公正性就難維護；如果在規定期間外，因突發事故陷入貧窮，就難以迅速獲得扶助。此外，向里辦公室申請也是一種缺失，因為可能會傷害個人的尊嚴。因此，方便申請和嚴格審查將是改革申請制度的方向。

資力調查是決定貧窮資格與扶助標準的重要依據，所謂資力，一般涵蓋所得、資產、工作能力和扶養能力。所得和工作能力的測定比較容易，但是，資產和扶養能力的調查就比較複雜，例如，金融性資產就頗難掌握，扶養能力的認定也頗為困難。有些人只有少許的資產，而且無法在短期內變現，即使變現亦難以維生，這種狀況是否不應該接受生活保護？有些人雖有扶養義務人，而且有扶養能力，卻不願扶養，在法律判決前，是否不應該接受生活保護？因此，資力調查應具有客觀性和彈性，最好是由公正的第三者（如由地區組成的資力調查委員會）負責調查，並提報政府單位審核。

當接受生活保護者拒絕政府的調查、收容、輔導或其他法定規則時，政府當可施以行政處分，停止部份或全部扶助項目。對於拒絕生活保護之貧民，政府是否需要強制收容？是個頗值商榷的問題。基於人權的考量，政府不應該強制，但是，基於社會立場，政府應採強制收容。對於以虛偽不實申請而接受生活保護者，政府即予停止保護，並追回已領之費用，若涉及刑責者，需移送法辦。問題是，移送法辦的標準何在？理論上，虛偽不實的申請

均已構成刑法上的僞造文書罪或詐欺罪，均合乎移送法辦的條件，若無明確規定，可能會造成執行上的困擾。

參、生活保護措施的提案

■生活保護法的制定

生活保護係以貧民爲對象的扶助措施，與急難救助和災害救助在本質上是不同的，因而有單獨立法的必要。現行社會救助法只有二十七條，規定也不甚周詳，生活保護法至少應該涵蓋下列幾章。

第一、總則——包括目的、最低生活的定義及法律的解釋與應用等。

第二、生活保護的原則——如政府責任、平等待遇、最低生活保障、補充性、公私分離、家庭單位、行政統一、預算等原則。

第三、生活保護的行政體系——主管單位、執行單位及配合單位等。

第四、生活保護措施的內涵——生活扶助、特別扶助、補充措施及保護設施等。

第五、生活保護的實施方法——申請、調查、審核及其他實施方法。

第六、被保護者的權利義務關係——誠實申請、服從輔導及禁止轉讓等義務。

第七、不服申訴手續。

第八、費用負擔與補助。

■行政體系與制度的統一

基於現實環境的考量，生活保護措施的行政體系和制度應有統一的必要。在行政體系方面，宜由中央主管單位（目前的內政部社會司或未來社會福利暨衛生部社會救助處）負責訂法、修法和規劃事宜，並負擔所有經費，而地方政府的社政單位則負責執行業務。唯有如此，制度才能統一，經費才能獲得保障。

在制度方面，首先必統一的就是地區的等級分類。本提案建議，將生活水準分為都市地區、鄉村地區和落後地區（或未充分開發地區）三種類型，在都市地區和鄉村地區個別進行家計調查後，測出生活水準的平均值，若某一都市地區的生活水準高於都市地區的平均值，就判定為第一級地區；若低於該平均值，就判定為第二級地區。同樣的，某一鄉村地區的生活水準若高於鄉村地區的平均值，就判定為第三級地區；若低於該平均值，就判定為第四級地區。落後地區則稱為第五級地區。

其次是行政手續的統一，為了提高申請手續的公平性和效率性，宜在各鄉鎮市區成立「資力調查委員會」，由該地區公正人士組成，負責資力調查事宜。申請人可隨時向鄉鎮市區公所業務主管單位申請，並立即轉送資力調查委員會調查，在一週內提報縣市政府審核。而縣市政府須在十日內將審核結果通知申請人。本建議的目的，是試圖將現行政府內三級審查制，改為政府與民間共同審查制。以增進公平性和效率性。資力調查的標準和方式也必須統一，尤其是資產的程度和扶養事實的認定，應有全國統一的標準，其具體辦法宜由內政部或社福暨衛生部制定「資力調查

施行辦法」予以規範。

■最低生活費標準

目前，以家庭所得和家庭支出作爲計算基準的方式必須徹底改革。本提案建議，由內政部或社福暨衛生部成立「最低生活費制定委員會」，以一籃市價方式測定標準個人（如未婚有業之六十歲以下男性）所需之最低食品費用，再以恩格爾方式推估最低生活費的恩格爾係數（取樣時，可以單身家庭的所得階層加以分析），最後，就可以算出個人的最低生活費用。

關於家庭的最低生活費，本提案建議，將消費單位方式稍加改良，測出「生活費用調整率」，再依家庭成員的結構計算綜合調整率，最後，再以個人最低生活費乘以綜合調整率，即可算出該家庭的最低生活費。根據日本勞動研究所設計的消費單位標準表，可以算出**表 7-4** 之生活費用調整率，依個別家庭的成員結構，就可以算出該家庭的綜合調整率。例如，某一家庭包括有業的家長、無業的妻子、小學六年級的女兒和小學二年級的兒子共四口，該家庭的綜合生活費用調整率爲三・〇二五（即 1.1＋0.8＋0.55＋0.575＝3.025）。假設個人的最低生活費爲四〇五〇元（目前台北市的標準），那麼，該家庭的最低生活費爲一二二五一元（即 4050×3.025＝12251）。

以某一年度的物價指數爲基準所計算的個人最低生活費，必須隨物價的變動自動調整，以確保最低生活費的實質性。若從生活水準的觀點去分析，最低生活費標準應隨社會整體生活水準的提升而提高，那麼，就應該以平均家庭消費支出（不含非消費性支出）

的增加率和物價上漲率，作爲提高最低生活費標準的依據。總之，最低生活費不是固定不變的，必須是隨物價水準和生活水準的變動，適度加以調整。

家庭成員結構	食品消費		非食品消費	生活費用調整率	
	男	女	男女	男	女
嬰兒	0.25	0.25	0.30	0.275	0.275
1～3 歲	0.50	0.40	0.40	0.450	0.400
4～6 歲	0.60	0.55	0.40	0.500	0.475
小學 1～3 年級	0.65	0.60	0.45	0.550	0.525
小學 4～6 年級	0.70	0.65	0.50	0.600	0.575
國中	0.80	0.70	0.80	0.800	0.750
高中	0.90	0.80	0.90	0.900	0.850
大學	1.00	0.90	1.00	1.000	0.950
未婚有業者	1.00	0.80	1.00	1.000	0.900
未婚無業者	0.90	0.80	0.90	0.900	0.850
已婚有業者	1.10	1.00	1.10	1.100	1.050
已婚無業者	0.90	0.80	0.80	0.850	0.800
60 歲以上有業者	1.00	0.90	1.00	1.000	1.000
60 歲以上無業者	0.80	0.70	0.60	0.700	0.650

表 7-4：標準消費單位與生活費用調整率之模型

■生活扶助標準

凡家庭所得未達最低生活費標準者，理論上，均應屬於低收入戶，就應該接受生活扶助。然而，我國的生活扶助措施卻將低

收入戶分類，支給不同的扶助金額，而台北市對符合低收入戶標準之生活輔導戶仍未提供生活扶助。目前，我國的生活扶助水準仍未根據實際所得與最低生活費的差額支付(台北市對戶長的扶助水準僅及最低生活費的四分之三)，根本無法保障低收入戶的最低生活。因此，本提案建議，對合於低收入戶標準者，不分類別一律發給「貧民證」，按月記載家庭所得的變動情形（資力調查委員會可隨時調查，若有虛報情事，立刻停止扶助），其家庭所得未達該家庭最低生活費標準者，政府必須全額補助其差額。

至於家庭所得超過該家庭最低生活費標準之清寒戶，理論上已不屬於低收入戶，不需納入生活保護的對象，更無須提供生活扶助。政府對清寒戶所提供的福利措施，可以在其他相關法律中（如所得稅法、清寒戶健康保險補助辦法等）加以規定。因此，建議將清寒戶排除於生活保護法外。

■**特別扶助措施**

特別扶助是根據低收入戶的實際需要所提供的扶助措施。由於現代生活形態的多樣化，特別扶助的種類也應多樣化。由於生活水準的提升，每一個家庭大都擁有基本的家庭器具，所以特別扶助的方式應以現金補助為宜。

在實施低收入戶健康保險制度之後，低收入者的健康保障措施就應屬於全民健康保險體系，而不必再納入生活保護措施中。現行社會救助法施行細則第六條第二款的創業貨款規定，宜納入特別扶助措施中，並詳加規定。子女教育補助的內容，不宜限定在十八歲以下在學學生，應提高至大學畢業，而扶助的範圍應予

擴大，並依實際需要給予適當的扶助。至於喪葬處理，宜改爲喪葬補助，不管有無遺屬或有無機構扶養，應一律補助其遺屬或機構喪葬所需之費用。此外，對參與職業訓練之低收入者，應支給訓練補助，以鼓勵其參與職業訓練，接受就業輔導，以早日脫離貧窮。至於住宅扶助，如果承認低收入戶能持有自用住宅，就應該給予扶助；如果不承認低收入戶能持有自用住宅，就不必提供自用住宅。

■配合措施與設施

輔導低收入者就業，是生活保護的重要措施，也是解決貧窮問題的主要手段。低收入者的就業輔導，可以分爲政府部門的就業和民間部門的就業兩種，前者是由主管單位介紹給政府單位僱用(包括固定性僱用和臨時性僱用)；後者是由主管單位介紹給民間機構僱用。主管單位也可以透過就業輔導機構進行轉介。僱用單位應按僱用契約或勞動基準法僱用低收入者，主管單位可以不必負責。低收入者就業後，若其所得超過該家庭最低生活費標準，就喪失貧民資格；如果其所得未超過該家庭最低生活費標準，政府仍應補足其差額。至於職業訓練，主管單位可以推介給公民營職業訓練機構，由其代訓和輔導就業，主管單位只要支付訓練補助即可。

理論上，生活保護措施是經濟保障體系（economic security system）的一環，應以現金扶助爲主要手段，但是，對於沒有居所的貧民，則應提供居住設施。居住設施可以分爲長期設施和短期設施兩種，前者即所謂的平價（貧民）住宅；後者是指遊民中心。其

實，生活扶助中已涵蓋了居住費用，政府應可不必再爲其興建平價住宅，不必再爲住宅的管理問題費心。如果政府有能力而且願意供應平價住宅，則進住者的生活扶助應扣除居住費用才是合理。至於遊民中心，是收容流浪貧民的臨時性設施，政府應以強制手段收容，並儘快安排至平價住宅或其他福利機構，這樣才能解決都市遊民的問題。

至於其他保護設施，大都屬於健康保障體系（health security system）和福利服務體系（welfare service system），前者如療養、養護、復健、保健等機構，後者如孤兒院、老人安養、殘障福利等機構。因此，在生活保護措施中，應儘量節制保護設施的擴張，以避免重複與浪費。

■結論

保障國民的生存權和提升國民的生活水準乃是政府的主要任務，爲了達成此一目的，政府必須依據生活水準的程度制定最低生活費標準，並根據最低生活費標準規劃生活保護措施。因此，生活水準、最低生活費標準與生活保護措施是一體三面，彼此關連且相互影響的。我們必須先了解生活水準的內涵和測定生活費用的方法，才能落實到生活保護措施的規劃。

政府在測定國人的生活水準時，務必考慮非貨幣性指標的因素，在制定最低生活費標準時，必須重視非食品消費的支出，尤其是教育文化的支出。最低生活費用標準必須隨著物價的上漲和生活水準的提升機動調整，唯有如此，最低生活費的制定才有實質的意義。

　　傳統的社會救助往往將一般國民、貧民和其他社會弱者全部列入救助對象，而且將健康保障、經濟保障和福利服務混爲一談，沒有單獨成立一個以貧民爲對象的經濟保障體系。筆者希望，我國的社會救助體系能夠分爲生活保護和公共救助兩種制度，並以不同的法規加以規範。生活保護法是以貧民爲對象的經濟保障措施；公共救助法是以非貧民爲對象的經濟保障措施，例如，急難救助、災害救助、難胞（大陸同胞）救助、難民（外國人）救助等措施。

　　總之，政府必須正視貧窮問題的重要性與嚴重性，並以更合理、更公平、更有效的方式研擬貧窮對策。若能如此，我國的貧窮問題才能獲得解決，國人的生活水準才能獲得提升。

第 8 章

消費者問題

第一節 企業責任與消費者主權

壹、企業責任

在我們日常的消費生活中，到處都有危險性極高的商品，例如，噴灑農藥的蔬菜、被汚染的魚產、帶菌的玉米、含毒的蔭花生、餿水浮油及含汞過量的化妝品等；都有不實在的標示與廣告，例如，一般商品的偷斤減料、不合規格的電子、電氣和瓦斯產品、加水過量的果汁、冒充進口的奶粉和藥品等，都有商業契約的不履行，例如，惡性倒閉、呆帳、不動產產權的糾紛、旅行業者的放鴿子、郵購物品或書刊的不按期寄送等；也都有破壞自由競爭的獨佔或寡佔行為，例如，國營企業的不合理價格與低品質的服務、公共工程投標廠商的指定、貴得離譜的汽車和電子產品、水泥業者的價格協定等。

在資本主義的生產制度下，企業為了在市場競爭中取得優勢，常以降低售價作為促銷的手段。為了降低售價，企業必須降低生產成本。但是，在工資水準和生產技術一定的條件下，降低生產成本的最佳方法就是增加**社會成本**(social costs)。所謂社會成本就是由社會成員共同負擔的成本。本來，維護生活環境、防止公害、確保產品安全都是企業的生產成本，現在，則將這些成本轉嫁給社會，而大量的生產的結果，使企業仍可在低價條件下生存、發展。在低價的消費市場裡，許多不負社會責任、不求技術

革新、不改善經營方式的企業反能大行其道、大賺其錢，其理在此。

　　當企業生產危險商品，而使消費者受害時，企業常會以無法控制生產和銷售過程的**不確定性**（uncertainty）為由，拒絕承擔責任。事實上，企業對自己所生產的產品應有充分的專業知識，可以防止危險商品的產生，所以不管企業有無過失，都應負起確保商品安全的責任。問題是，企業為了維護商品安全，必須加重生產成本，而使供給減少，價格上揚。如**圖 8-1** 所示，如果企業若無須負擔商品安全的責任，就會以較低廉的價格（op_1）提供較多的商品（oq_1）。當企業把商品安全的責任算入生產成本時，供給曲線會由S移至S′，市場的均衡價格由op_1上漲至op_2，而交易量則由oq_1減至oq_2。因此，強制企業生產責任的結果，雖然會使商品價格提高，但是，對於提升商品品質和資源的有效利用，卻只有正面的作用。理論上，維護商品安全所增加的生產成本應由企業自行吸

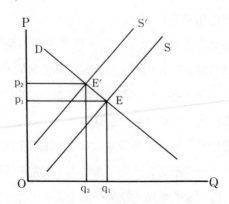

圖 8-1：商品安全與價格轉嫁

收，不應轉嫁給消費者，但是，成本的加重必將導致產量的減少，而產量的減少必將導致市場價格的上揚，結果，消費者就不得不負擔商品安全的價格轉嫁。

商品安全的價格轉嫁受該商品需求和供給的價格彈性所左右。需求的價格彈性越小或供給的價格彈性越大，消費者必須負擔的價格轉嫁就越多；相反地，需求彈性越大或供給彈性越小，消費者必須負擔的價格轉嫁就越少。**圖 8-2** 就是以需求彈性的大小，說明消費者負擔價格轉嫁的情形。如果企業將所加重的成本負擔 (ET) 完全轉嫁給消費者，消費者就必須負擔p_1p_2的價格轉嫁。但是，商品市場上的反映，不會讓企業完全轉嫁，因為完全轉嫁的結果，會使消費者的需求遽減，反使企業蒙受不利的影響。因此，需求彈性較小 (D_i) 商品的均衡價格為op_2'；需求彈性較大 (D_e) 商品的均衡價格為op_2''，而消費者所負擔的價格轉嫁，前者為p_1p_2'後者為p_1p_2''。

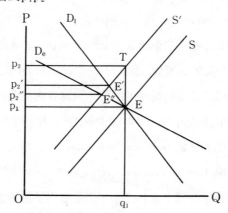

圖 8-2：需求彈性與價格轉嫁

在一個競爭激烈的商品市場裡，企業為了取得競爭的優勢，就不會過度轉嫁價格，而且會努力改善商品的安全性，並利用廣告強調個別企業產品的優點，以降低該產品的需求彈性。相反地，在一個缺乏競爭的商品市場裡，企業就容易將成本負擔不合理地轉嫁給消費者。因此，維持有效競爭的商品市場，是防止價格不當轉嫁，維護公平負擔不可或缺的要素。

貳、消費者主權

在自給自足的原始社會裡，家計是生產的單位，也是消費的單位，而家計中多餘的生產，則透過**以物易物方式**（barter system）相互交換，以滿足自己的生活。自從貨幣制度普及之後，仲介業者（商人）即收購家計的多餘生產，轉售給需求者，於是，產生了市場制度。產業革命機械化生產的結果，則將生產單位和消費單位完全隔離，企業從事生產，家計從事消費，兩者之間，則透過銷售網路（selling network）進行交易。

如果商品市場處於**完全競爭**（pure competition）的狀態，消費者在充分了解商品的品質與性能以及企業的銷售方法之後，依自由選擇的方式購買必要的商品，那麼，消費者的消費行為就可以決定生產者的生產動向（包括產品、產量和價格），維持價格機能的有效運作，達成**資源配置**（resources allocation）的合理化。這就是所謂的**消費者主權**（consumers sovereignty）。

然而，在資本主義生產制度下，生產者為了達到利潤極大化的目的，而以技術革新、大量生產、促銷廣告等方式，誘導消費

者購買其商品，甚至以寡佔手段控制價格。一般消費者不僅無法
獲得充分的商品資訊與銷售方法，也難以影響市場價格和生產動
向，所以在現代社會中，完全競爭市場和消費者主權是頗難存在
的。

在一個不完全競爭的商品市場中，生產者與消費者在完全不
同的立場上進行交易，但是，消費者在面對龐大的生產組織與複
雜的銷售網路時，幾乎喪失理性判斷的能力，而任憑生產者的誤
導與銷售者的剝削，致使消費者遭受損失或傷害。隨著市場機能
（market mechanism）的複雜化及商品結構（merchandise structure）
的多樣化和高技化，消費者的地位越趨不利，所受的傷害益形嚴
重。

一九六二年，甘迺迪總統（John F. Kenedy）發表了「加強保護
消費者利益的特別諮文」（strengthening of progarms for protection of
Consumer. Interests, Message from the President, H. Doc. No.364, March
15, 1962），提出消費者的四種基本權利，作為制定消費者保護法的
立法依據，其要點如下：

第一、安全的權利（the right of safty）──禁止販賣危害健康
與生命的商品。

第二、知的權利（the right to be informed）──禁止不實的、
詐欺的或誤導的資訊、廣告或標示，生產者有義務提供消費者選
擇資訊時所必要的事實。

第三、選擇的權利（the right to choose）──保證產品或勞務
接近競爭價格（competitive price），對於沒有競爭價格的產業，應

以政府法制加以規範，以保障產品或勞務的品質與公正的價格。

第四、詢問的權利（the right to be heard）——在政府政策的形成過程中，消費者的利益必須受到充分和同情的考量（ full and sympathetic consideration），在行政審查（administrative tribunals）中，消費者的利益必須受到公正和迅速的處理（fair and expeditious treatment）。

這四種基本權利給予消費者主權新的詮釋，也賦予消費者具體的對抗力（countervailing power），使市場機能得以恢復正常的運作。但是，這個理想仍然需要政府制定相關的立法，認眞執行，也需要消費者獲取共識，以合理的消費行爲去影響生產者和銷售者的動向。

第二節 消費者問題與消費者保護

壹、消費者問題

所謂**消費者問題**（consumers affairs），就是消費者在購買商品（生活用品或勞務）時，**交換價值**（exchange value）與**使用價值**（utility value）間的交易問題。所謂交換價值就是商品的市場價格；所謂使用價值就是使用該商品所獲得的效用。如果消費者對自己所購買的商品十分滿意，就不會產生消費者問題，但是，如果賣方（生產者或銷售者）的交易行為違反了**社會的公正基準**（standard of social justice），而使買方（消費者）遭受損失或傷害，就產生了消費者問題。例如，賣方因生產或銷售不良或危險商品，導致買方遭受身體上的傷害或使用上的損失；或以詐欺的交易行為或不實的服務，導致買方遭受財產上的損失或權利上的傷害。

商品價格是重要的交易問題，當屬消費者問題，但是，整體的物價水準因涉及總體經濟和世界經濟，並非單純的交易問題，所以不屬於消費者問題。關於環境保護和**資源再生**（resource recycle）等問題，是賣方與全體國民或部份居民之間的社會責任問題，並非個別的交易問題，所以也不屬於消費者問題。至於消費者在購買商品後的使用問題，是個人的生活安排，與賣方無關，所以也不屬於消費者問題。消費者問題的種類，基本上可以分為下列四種：

第一、商品品質的問題——包括商品的品質、規格、性能、效能、數量、內容、包裝、價格、安全性及售後服務等。商品在上市銷售前，必須通過政府單位的檢驗；否則，就會遭受處罰。但是，生產者和銷售者往往不遵守規定，擅自生產或銷售不良商品，甚至以不實在的銷售方法強行推銷，致使消費者蒙受損失。這個問題錯綜複雜，發生的頻率相當高，而獲得圓滿解決的比率卻很低。

第二、銷售網路的問題——複雜的銷售網路是造成價格高漲的主因，加上生產者之間以及銷售者之間的協議行為，更使商品價格高漲至不合理的地步。譬如說，農產品的價格經過大盤商、中盤商和零售商的層層剝削之後，往往高漲數倍。中間商人之間大都有祕密的協定，以維持再銷價格（resale price maintenance），並強制消費者接受，使消費者喪失自由選擇的權利。因此，銷售網路越複雜，商品價格就越高漲，消費者主權就越難發揮。

第三、信用消費的問題——銷售技術的進步使交易方式由現金交易轉為信用交易，也就是以分期付款或貸款的方式促銷商品。但是，信用消費是建立在法律契約關係的基礎上，而一般消費者對於這種契約行為幾乎不具任何知識，只好任由提供者擺布，就好像一個門外漢碰上一個專家，其後果可想而知。如果賣方能夠誠實提供有利消費者的資訊，而消費者亦能充分了解契約條件，就不會產生消費者問題。如果能夠採用「**無條件解約制度**」（cooling-off system），在消費者簽約後一段期間內，仍可依消費者意願，無條件解約，那麼，必可減少此類的消費者問題。

　　第四、資訊不足的問題——有許多消費者問題是由於消費者缺乏商品和市場的資訊所致，如果消費者本身能夠擁有充分的商品和市場資訊，如果銷售者能夠提供充分的相關資訊，消費者問題就可以減少。此外，一般消費者也缺乏處理受害事件的資訊，例如，向什麼機構申訴、如何申訴、可以獲得什麼補償或救濟等，所以當受害時，常自認倒楣，而不採取任何合理的解決方法。因此，消費者本身必須具備充分的消費資訊，以防止自己捲入消費者問題的漩渦。

貳、消費者保護

　　消費者問題的產生背景，是買賣雙方在交易過程中，因不平等的關係所產生的種種問題。為使消費者能與銷售者處於平等的地位，消費者主權必須給予保障；為了保障消費者主權，政府必須制定消費者保護政策，消費者必須推動社會運動與自覺運動，企業必須加強企業的社會責任。唯有在政府、消費者和企業的共同努力下，消費者問題才能減少，生活品質才能提升。茲將消費者保護分為消費者保護政策、消費者運動、企業社會責任及消費者自覺等四方面分別說明。

■消費者保護政策

　　第一、消費者保護法的制定——為了保護消費者利益，維護國民消費生活的穩定，政府應該制定消費者保護法，確立政府保護消費者的基本方針、責任範圍及救濟措施等。此外，也應該制定相關法規，例如，食品藥物法、製品安全法、包裝標示法、禁

止獨佔、寡佔或價格協定法、消費者信用保護法等，以充分保障消費者的利益。

第二、檢驗與商標制度的健全化——一般消費者對於商品的品質、性能、安全性等專業知識大都缺乏認識，必須仰賴政府檢驗單位加強檢驗，對於檢驗合格的商品，則給予國家商標（national brand）的標誌，以保證該商品的品質。若能如此，消費者就可以買得安心，消費者問題就可以減少。

第三、消費者申訴中心的設置——消費者問題發生後，如果沒有申訴的管道，就無法保障消費者的權益，所以政府應該廣設消費者申訴中心，接受消費者問題的申訴，並以公權力處理申訴案件，合理解決消費者問題。

第四、消費者損害救濟制度的建立——生產者或銷售者因生產或銷售不實在或不安全的商品，或以不公平或不合理的交易手段侵害消費者時，應構成法律上的侵權行為，除追究其過失責任外，應對受害者負賠償之責，若政府主管單位也有行政上的錯誤或監督上的疏忽，亦應負連帶責任。

第五、消費者教育的推廣——為了增進消費者對商品知識、交易方法及申訴制度的了解，以減少消費者問題、保障消費者權益，政府必須透過社會教育管道，推廣消費者教育，提供消費生活資訊，培養強勢的消費者。

■消費者運動

第一、消費者合作事業運動——早在一八四四年，英國的消費者即有組織消費合作事業以對抗資本家的運動。這種運動的目

的是在避免資本主義生產制度下的中間剝削,直接由生產者購買商品,以合理的價格供應消費者,同時,商品品質也在合作事業的監督下獲得保證。這是消費者在消費生活中自我防衞的手段,也是消費合作事業的成立背景。目前,歐美和日本等先進國家均有規模龐大的消費者合作事業,不僅會員人數眾多,事業範圍也十分廣大,除了一般商品之外,還包括保險、醫療、文化及休閒等事業,而活動形態則有共同採購、商品交換、產地直銷、斡旋及自行開發商品等。

第二、消費者組織運動——為了更有效的保護消費者,民間消費者團體便運應而生,以團體的力量對抗生產者和銷售者。一般消費者團體的活動內容包括商品檢驗、調查活動、申訴處理及意見表明等,但是,也有一些消費者團體採取較激烈的方法,推動消費者運動,例如,不良商品的告發、拒買運動的策劃,甚至採取法律行動等。

第三、消費者教育運動——一九二八年左右,美國的商品資訊雜誌將檢驗機關公告之檢驗結果編印成雜誌出售,目的在使消費者了解各種商品的品質,以採取有效的購買行動。一九六三年,《消費者報導》(*Consumers Report*)則進一步擴大商品資訊的範圍,並提供各種商情服務。有些消費者團體則一方面從事出版活動,一方面進行領導人才的培育,希望藉由消費資訊的提供與專業人才的協助,促進消費者的啟蒙運動。

■企業社會責任

第一、品質管制的貫徹——品質管制不僅是提高產品品質的

基本措施，也是防止消費者問題的主要因素。企業除了應該重視產品本身的成份、性能、安全性等製造品質之外，也必須顧及包裝品質、標示品質、服務品質、廣告品質等的管制。如果企業做好這些品質管制，消費者問題自可消失於無形。

第二、銷售網路的縮短──複雜的銷售網路雖然帶給消費者方便，卻製造了不合理的**附加價值**（value added），增加了消費者的負擔。因此，企業必須縮短產品的銷售網路，最好的方法是廣設門市部進行直銷，或是直銷零售商，以避免多層的中間剝削。這樣不僅有利消費者，也可以增強產品的競爭力。

第三、消費者服務中心的設置──爲了掌握消費者的意見，作爲改善品質管制的對策，企業應該設置消費者服務中心，接受消費者的申訴，傾聽消費者的意見。迅速掌握消費者意見，可以防止消費者問題的惡化，不僅有利消費者，也有利生產者。

■消費者自覺

第一、充分的消費資訊──對現代人而言，掌握資訊就是掌握生活。如果消費者都能掌握充分的消費資訊，不僅可以避免消費者問題的發生，也可以增進消費生活的效率。消費者不僅要了解商品的資訊，也要了解市場的資訊及消費者保護政策的資訊；不僅要被動的吸收消費資訊，也要主動的追求消費資訊。

第二、理性的消費行爲──在掌握充分的消費資訊之後，必須採取理性的消費行爲，才能發揮消費者主權的功能。如果價格上漲了，消費者就應該減少購買數量或購買其他替代品，這樣才能使價格下跌。如果商品品質不良，消費者就應該拒絕購買，直

至品質改善爲止。如果所有的消費者都能採取理性的消費行爲，
消費者問題就可以減少，消費生活水準就可以提升。

第三節 商品責任保險與消費者合作事業

壹、商品責任保險

為了讓企業充分履行生產責任，光賴消費者的反映和政府的督促是不夠的，因為消費者並不具備產品的專業知識，而政府也無法為企業負起賠償責任。一旦商品災害發生，眾多受害者所要求的賠償金額，往往不是生產危險商品的企業所能負擔。結果，不是以不合理的賠償草草了事，就是乾脆倒閉，逃避賠償責任，另日再成立新公司，重新生產有害商品。因此，貫徹企業生產責任的最佳方法，就是讓企業投保商品的責任險，由專業化的保險公司負擔全部或部份賠償責任。這就是商品責任保險制度。

商品責任保險制度成立之後，企業的生產責任就由同一產業的業者共同負擔。保險公司為了防止商品災害發生，避免理賠的損失，必會加強督促被保險企業產品的安全性。當然，保險公司也會根據企業的生產技術和行銷過程，收取不同的保險費，所以同種商品的保險費就不一定相同。安全性較高的商品，保險費較低；安全性較低的商品，保險費就較高。企業為了減少保險費的負擔，必會努力改善產品的安全性。相反地，如果企業不重視商品的安全性，保險公司就會要求較高的保險費，企業的負擔就會加重，競爭能力就會減弱。因此，商品責任保險制度對於加強企業的生產責任和提高商品的安全性，具有強制性的正面效果。

　　企業所繳納的保險費，部份由企業自行吸收，其餘則轉嫁給
消費者。易言之，保險費將透過價格轉嫁，分散於全體消費者。
消費者必須接受這個事實，否則，就享受不到商品的安全保障。
萬一發生商品災害，被害者當可依法要求賠償。由於保險公司的
資力較為雄厚，被害者較容易受到合理的賠償或救濟。因此，站
在保障消費者和被害者的立場，政府應該積極推廣商品責任保險
制度。

　　從保險業者的立場言之，如果採用「固定保險費」制度，就
會扭曲保險的公正性，產生劣幣逐良幣的惡果。由於固定保險費
制度是以一定的災害發生率為計算基礎，對於災害率較低的被保
險者是偏高，但是，對於災害率較高的被保險者是偏低，致使前
者必須負擔後者的危險責任，造成「危險負擔的外部效果」。加州
大學的艾克勒夫 (G. A. Akerlof) 教授曾以舊車市場為例，如果購買
者對汽車市場不了解，就容易使性能良好的舊車被逐出市場，而
使市場充斥性能惡劣的舊車。艾克勒夫教授就將這種現象命名為
「檸檬原理」(lemons theory)。如果保險公司對於被保險者的了解
不充分，也容易產生這種檸檬原理，使不良的企業得利，使有害
的商品橫行。

　　企業為了減輕保險費負擔，可能會對保險公司提供不正確的
資訊，扭曲保險公司的判斷，這是保險市場上常有的現象。此外，
受害者也往往會渲染受害情況，要求鉅額的賠償，就如同醫療保
險的被保險人常會過度使用醫療資源，造成醫療資源的浪費一
樣。這些道德上的危險常會造成保險機能的障礙，使保險業者不

得不提高保險費，避免蒙受損失。結果，具有生產責任的企業和大多數的消費者都要吃虧。

　　為了防止檸檬原理和道德危險扭曲保險機能，商品責任保險應該採用彈性的保險費和理賠制度，由企業自行選擇。一般說來，重視產品安全的企業，比較偏好低保費、低理賠的保險契約，因為商品的災害發生率較低，保險公司的低理賠並不影響企業經營。相反地，忽視產品安全的企業，則比較希望高保費、高理賠的保險契約，因為商品的災害發生率較高，需要保險公司較高的理賠。如此一來，企業如果提供不實的資訊，以求降低保險費的話，一旦發生商品災害，就必須負擔高額的賠償，因為保險公司是根據低保費、低理賠的原則加以理賠。日本的富澤健一教授曾提出「信號均衡的理論」，保險公司先根據企業所提供的資訊計算災害發生率，再根據公司選擇的契約內容計算保險費，在兩者均衡的條件下，締結商品責任保險契約。這種保險制度既可尊重被保險者的資訊與意願，也可維持保險機能的正常運作，是防止商品責任保險被扭曲的最佳對策。至於受害者的道德危險，企業和保險公司應該配合檢驗單位、衛生醫療單位以及司法單位，共同防範、補救。

貳、消費者合作事業

　　早在一九五○年代，歐美先進國家即已展開消費者運動，要求以法律保護消費者的權益，並組織消費者團體，對抗不尊重消費者主權的業者。近年來，消費者運動已普獲各國政府的支持，

消費者意識正是如日中天。然而，企業依然以其追求利潤極大化的本質及與政策決定者的緊密關係，對消費者進行有形和無形的侵犯。企業常在「追求經濟成長，提升生活素質」的美名下，破壞自然環境和人性社會。企業所製造的「生產優先主義」和「貨幣神話」，不僅剝削了勞工的報酬，也侵犯了消費者的生活權。因此，消費者運動不能是特定團體或少數人的運動，應該是全體勞工與消費者的社會運動；消費者運動的內容不能只限於不安全的商品和不公平的交易，應該擴大到不合理的價格和生活環境的破壞；消費者運動的目的不能只在尋求事後的救濟，應該是事前的預防。

　　隨著國民知識水準的提升和消費者意識的普及，消費者運動的層次和效果也會提高。從先進國家消費者運動的演進過程看來，初期運動內容是以食品和耐久性消費財的災害為主，然後才逐漸擴大到服務品質、銷售方法、物價及消費行政。對於有害商品，則從高價商品逐漸擴大到廉價商品。至於運動對象，則由中、小企業逐漸指向大企業。在政府的配合措施方面，除了制定消費者保護法之外，還設置「消費生活中心」，以政府的立場處理消費者的抱怨事宜。

　　消費者為了充分保障消費生活權，除了要求政府制訂消費者保護法和要求企業投保商品責任險之外，更組成消費者合作事業，供應會員所需的消費物品，避免企業的濫製和剝削。目前，歐美和日本均有許多消費者合作事業，事業性質包括食品、家電製品、家庭用品、醫療、保育、養護、旅館、保險、文化及運動

休閒設施等。一九八四年三月，日本消費者合作事業的會員數達八五○萬人，年度營業額達一兆五千億日圓，其所自行生產之商品種類有一九八二種，四一六一目。因此，未來的消費者運動方式已不再是座談、站崗、抗議或遊行，而是需要消費者聯合起來，以自己的力量組成消費者合作事業。

一九○八年，國際社會主義者在哥本哈根大會中，採決了「**合作零售團體**」（cooperatire retail society）的議案，不過，只限於純商業的零售設施。這個構想的主要依據，是為了要區別以追求利潤為目的商業活動，而以節省商品流通費用，促進人與人的連帶意識為目的。隨著經濟社會與國民生活的變遷，合作零售團體逐漸轉變成生產與銷售的合作事業。為了滿足會員的商品需求，協助會員建立健康、富裕的生活，消費者合作事業被迫開發新產品，擴大事業範圍。從形式上看來，現在的消費者合作事業與一般的生產事業和百貨公司並無兩樣，但是，在本質上，消費者合作事業並非以賺取利潤為目的，而是在促進會員利益，提升會員的生活品質。

消費者合作事業是由會員以共同出資的方式組成，所以每一個會員都是股東，但是，並不分紅，因為其目的並非在追求利潤。會員只能在購物或接受服務時，享受較低價格的待遇。消費者合作事業在採購階段，是以批發價格購入，成本價格當然較為低廉；而在行銷階段，則可免除廣告費、豪華建築物的設備費、精美的包裝費、市場調查費等費用，成本負擔也較輕。因此，消費者合作事業的主要經濟機能，是在節省商品流通過程中的雙重費用，

使會員享有低價的商品價格。消費者合作事業所生產的商品，除了可以節省雙重的流通費用之外，還可免除生產者的利潤剝削，可以更低廉的價格供應會員。這就是會員要求消費者合作事業開發生產的主要原因。

除了經濟機能之外，消費者合作事業也能發揮互助意識的社會機能。消費者合作事業是非營利性的社會團體，其功能是在達成社會運動的目的。消費者運動是由社區運動發展出來的社會運動，而消費者合作事業則是由社區團體發展出來的社會團體。因此，正如消費者運動與社區運動之不可分，消費者合作事業與社區團體也有密切關係。消費者合作事業不僅提供社區居民就業機會，更提供了社區居民購物和交流的場所，對促進社區繁榮和居民交流有極大的正面意義。

自從「中華民國消費者文教基金會」（以下簡稱消基會）成立之後，我國的消費者便逐漸由無形的意識轉變為有形的運動。消基會不僅以科學的實證方法，阻止不良商品和不當交易的橫行，也以消費者報導的方式，推行消費者教育。消基會的成就不僅獲得了其他社會團體的共鳴與支持，也獲得了社會大眾的肯定。然而，消費大眾卻依然不能以實際行動，參與消費者運動，有時更因貪小便宜的心態，幫助企業侵犯自己的權益。或許是消費者的無知；或許是運動目標不夠吸引人；也或許是社會運動仍有太多人為的阻力，但是，只要消費者意識萌芽了，消費者運動必將逐漸展開。

現階段，我們不敢渴望商品責任保險制度可以實施，也不敢期待消費者合作事業可以普及。我們只敢要求，消費者能夠肯定

自己的經濟地位；企業能夠負起生產責任；政府能夠以法律保障消費者運動。我們更切盼，社會團體在推動消費者運動時，能夠從切身的問題著手，並以社區居民的力量，進行持久性的制裁，直至侵犯消費者主權的企業改善爲止。

　　事在人爲。只要我們有信心去要求改善，有耐心從小做起，相信我國的消費者運動必能蓬勃發展，全體國民必能在安全的保障下，享受高品質的消費生活。

經濟犯罪

第一節　經濟犯罪的背景

壹、經濟犯罪的意義

經濟犯罪的定義眾說紛云，有人認爲，人類的犯罪原因直接或間接均導自經濟因素，因此，所有的犯罪均屬經濟犯罪；有人認爲，只有違反經濟法規的犯罪，才是經濟犯罪。從法律觀點言之，經濟犯罪應具三個要件：

第一、要有蓄意侵佔別人財物的意圖。

第二、要有違反法律或契約規定的行爲。

第三、要有破壞經濟次序或妨害社會利益的結果。

由於人類欲望的無限與物質數量的稀少，人人幾乎都有侵佔別人財物的意圖。有些人因爲只有高度的修養而能屏棄這種私心，有些人因害怕處罰而克制自己，有些人則因沒有機會而無法遂行。

爲了防止侵佔別人財物，人們常以法律或契約限定彼此的權利義務關係。可是，有些人會以違反法律或契約的行爲，或利用法律或契約的漏洞，或填具不實的資料等方法，達到侵佔別人財物的目的。

侵佔別人財物的結果，不僅造成受害者的損失，也會破壞社會全體的經濟次序和社會利益。

原則上，經濟犯罪必須具有上述三個要件才算成立，可是，

有些藉著合法的掩護，侵佔他人財物的行為，我們不能說不是經濟犯罪。因此，對於經濟犯罪，我們必須針對其他犯罪動機及其實質影響加以認定。

貳、經濟犯罪的形成

由於人類物質欲望的不斷增加和誠信原則的逐漸消失，促進經濟犯罪的蔓延。物質欲望的增加擴大了自私自利的心態，自私自利加速了誠信原則的破滅，如此惡性循環的結果，使人人均面對經濟犯罪的誘惑與威脅。

經濟活動的擴大與經濟法規的複雜，造成經濟犯罪結構的多樣化。為了配合經濟活動的擴大，經濟法規也隨時在修正補充，使得一般大眾無法熟知其內容，而容易受騙，同時也為經濟犯罪者提供了良好的犯罪環境。經濟犯罪的結構因而呈現多樣化。

科技的進步提升了經濟犯罪的技巧。善用科技，使人類進步；惡用科技，使人類受害。科技提供了許多經濟犯罪的技巧，使人們由單純的詐欺、偷竊和搶奪，演變成以支票、廣告、電腦、甚至產業間諜進行經濟犯罪。

時代的不穩助長了經濟犯罪的盛行。企業的利潤原則係以創新、冒風險和良好的管理所達成。然而，經濟的不穩可能造成能源供給的危機。科技水準的提升可能使創新被模仿和超越。政治的風暴可能造成風險的增加。道德的墮落可能造成企業管理的不易。企業經營的不穩，助長了經濟犯罪的盛行。

參、經濟犯罪的類型

經濟犯罪的類型大致可以分為下列六種：

一、違反民法的經濟犯罪——地下錢莊、老鼠會、倒帳、倒會、冒貸等。

二、違反刑法的經濟犯罪——偽造印花、郵票、貨幣和有價證券以及貪污和走私等。

三、違反商法的經濟犯罪——空頭支票、人頭支票、虛設公司行號、非法發行股票、保險詐欺等。

四、違反稅法的經濟犯罪——假帳、逃稅、漏稅等。

五、違反經濟法的經濟犯罪——不公平競爭和交易、不實廣告、不良商品、冒用商標、仿造專利、侵害版權、套匯等。

六、違反行政法的經濟犯罪——惡性競標、製造公害、工程的偷工減料等。

第二節 經濟犯罪的影響

壹、經濟犯罪的影響

經濟犯罪對生活經濟影響至鉅，至少可從下列四方面加以說明：

一、誠信原則的侵犯——古今中外的交易原則就是誠信二字，只是東方人以口頭做保證，而西方人以契約做約束，形式有別，而精神無異，這是維持經濟秩序的根本。經濟犯罪破壞了這個原則，使人與人之間失去信賴，交易活動陷入停頓，經濟發展受到阻礙。

二、經濟法則的破壞——人類經過長久的觀察、分析和修正所制定的經濟法則，是一切經濟活動的規範。好像賽球規則一樣，若無此種規則，球賽必定無法進行。經濟犯罪違反了這些法則，擾亂了經濟秩序，使正常的經濟活動無法進行。

三、經濟利益的侵害——經濟利益是全民努力耕耘的結果，應由全民共享。經濟犯罪竊取了這些利益，從事不當的投資，或供其個人的揮霍，甚至轉存國外銀行，使全民均蒙受經濟利益的損失。由於經濟犯罪所竊取的金額龐大，對國民經濟的影響甚鉅。另一方面，經濟犯罪造成了保守的防範措施，如緊縮貸款、嚴限支票的開立、加重公務人員的責任、甚至引發外國的設限和禁止進口。經濟犯罪侵害了社會和經濟利益，縮小了經濟活動的範圍

與活力，影響了經濟的正常發展。

四、非經濟利益的損失——經濟犯罪不僅對受害者產生無法彌補的傷害，對社會風氣和政府形象也有不良的影響。經濟犯罪的受害者不是怨憤報復，就是頹喪消極。如果受害者眾多，社會上必會出現弱肉強食的恐怖心態，有些鑽法律漏洞的經濟犯罪則使司法機關束手無策，而使大眾對正義的保護者失去信心。此外，像仿冒外國商標和專利則使政府形象受到傷害。仿冒王國的惡名不僅是政府的恥辱，也是全體國民的恥辱。

貳、經濟犯罪的反映

由於立場的不同，各界對經濟犯罪的反映亦有差異，這個問題可從一般民眾、企業、政府和國際四方面加以探討：

一、一般民眾的反映——對於未受害者而言，經濟犯罪只是一種無關緊要的社會現象。有人認為，受害者先有貪圖利益之因，始有受害之果，因而不值得同情。甚至有人認為罪犯手段高明，仍不失為有效的賺錢方式，而不加以指責。至於受害者，雖然痛不欲生，極思報復，然而由於受害金額不大，害怕尊嚴受損以及對司法機關缺乏信心，而忍氣吞聲。總之，一般民眾對於經濟犯罪所持的態度，雖然是消極的、分裂的，可是卻破壞了社會的和諧。

二、企業的反映——由於企業經營依賴外來資金的比率逐漸增加以及由於不穩定性提高了企業經營的投資風險，合法利潤的取得，越形不易，導致償債能力大幅降低。初期的經濟犯罪對企

業經營者而言，或許是不得已的下策。好像賭博賭輸了，只好偷竊一次，待難關應付過去，再重振旗鼓。不少企業經營者把經濟犯罪視為無可避免的事，而且一而再，再而三地重演下去，犯罪規模就越龐大，犯罪手段也越高明。

三、政府的反映──政府站在維護市場機能的正常運作以及保護國民的財產安全之立場，對於破壞市場機能和侵佔他人財物的經濟犯罪，當然義不容辭地加以制止與懲罰。政府常以修改經濟法規、健全經濟體制以及加強司法功能等對策，去打擊經濟犯罪。可是，長期循環的結果，可能法令緊褥，防弊重於興利。

四、國際的反映──國際社會雖然盛行強權政治，但是，基本上還是以彼此尊重為原則。有些經濟犯罪侵害了外國的權利，必當引起國際的抗議和報復。除了外交途徑的交涉外，取消優惠條款、加重進口稅、限制進口等措施均是常用的手段。國際上對經濟犯罪的反應是激烈的，其所造成的影響是嚴重的。

第三節　經濟犯罪的對策

壹、治本辦法

任何一個時代的任何一個社會，幾乎都有經濟犯罪的事件，只是對犯罪認知的程度有所不同而已。因此，要防止經濟犯罪，除了要按照犯罪類型加以懲罰之外，最重要的是要建立一個公平的經濟倫理與合理的經濟制度。但是，這並非簡單易行的事，更非一蹴可幾的事，必須有計劃的培養與推動，這就是治本的辦法。茲從下列五個方面分別加以說明：

一、道德標準的建立——台灣正處於社會與經濟結構的轉變期，而新的道德標準卻尚未建立，致使一般人失去思想與行為的依據，造成矛盾與衝突。道德標準包括個人的價值觀、家庭的倫理觀以及社會的人際觀。這些觀念的建立，將有助於經濟秩序的形成。

二、法治觀念的建立——法律是維護社會正義和保護社會弱者的主要武器。法律的周全是現代國家必須追求的，法律的尊嚴是現代國民必須維護的。法律必須隨時修正和補充，以適應社會需求和時代潮流。國民必須切實守法，對於違法之人與事，要有勇氣去反抗。這樣社會正義才能維持，社會秩序才不會混亂。

三、經濟制度的建立——健全的經濟制度可以預防經濟犯罪。譬如健全的金融體制可以促進資金的有效運用，減少地下金

融的活動；合理的財稅制度可以提高所得分配的公平性，避免逃漏稅。各種經濟制度必須相互配合，才能發揮整體經濟的效果。

四、提高國民生活素質——現代國家均努力在追求國民生活素質的提升。除了盡力滿足國民的物質生活外，也爲國民創造更多的精神福利。例如資訊的公開、人格的尊重、教育與就業機會的均等、人際關係的協調、社會貢獻的滿足、藝術文化的修養等等，均可提高國民知識的層次和判斷能力，有助於預防經濟犯罪。

五、加強經濟犯罪防制中心的功能——事前的防範重於事後的補救，而且及時發覺亦爲防制犯罪的有效辦法。經濟犯罪防治中心應掌握重要公務人員及企業經營者之有關資料，隨時追蹤調查，並以「經濟犯罪通報」分送有關機關和企業。一旦發現可疑的經濟犯罪，則速採行動，配合財政和司法機關加以密切注意。總之，經濟犯罪防治中心應擴大職責，並且加強執行效果。

貳、治標辦法

經濟犯罪的治標辦法係針對犯罪性質加以防制。由於經濟犯罪的類型太多，本文無法一一說明，僅就倒會、支票犯罪、資本的非法外流和仿冒商標專利等四種經濟犯罪之治標辦法爲例，提出一些概括性的防範之道，以供參考。

■倒會

——加強正常儲蓄：依資金供需調整利率、提高利息免稅額度、開發新種儲蓄業務、獎勵小額儲蓄貸款。

——管理民間儲蓄互助組織：採行登記制度、明定管理法

規、加強經營教育。

　　──健全證券市場：加強考查上市公司的財務結構、採用電腦買賣作業、避免人爲操縱、鼓勵參與證券交易。

　　──提高中小企業融資：簡化貸款手續、提高貸款額度、加強貸款後之稽查工作。

　　──加強投資信託公司和保險公司之功能。

■支票犯罪

　　──修改票據法，嚴限遠期支票的開立資格。

　　──加強銀行對支票戶的審核及徵信工作，避免人頭支票的開立，並確立支票的可靠性。

　　──提高企業自有資金的比率和改善企業的財務結構。

　　──利用大眾傳播工具，教育民眾對票據常識的認識，減少被人利用而不自知的悲劇。

■資金的非法外流

　　──修正外匯管理條例：簡化手續、提高金額、統一外匯管理機構、合理的調整匯率。

　　──加強銀樓經營的管理：黃金外幣的非法交易以及地下錢莊的非法經營等之取締。

　　──加強外商金融機構業務之管理，對於非法經營信用卡業務及代理期貨交易等嚴加管制。

　　──嚴格考核進出口價格外銷佣金，避免短報、浮報或以佣金做爲資金非法外流之手段。

　　──嚴格審查及督導海外分公司之設立及對外投資之匯款用

途。

■仿冒商標和專利

——修正商標法及專利法：申請之前嚴以審核，核定之後嚴加保護。對於仿冒品則嚴格取締。

——建立商標及專利資料之電腦化，以方便查詢，避免無知的侵害。

——建立商標成本的觀念。

——以法律規定企業研究開發經費之比率。

參、懲罰辦法

對於已經發生的經濟罪犯，政府應給予適當的司法制裁，社會應給予嚴厲的道德制裁。懲罰經濟犯罪，光賴司法制裁是不夠的，因為司法程序曠日曠時，司法審判常受人為因素影響，而常使犯罪者逍遙法外，所以需要社會上施以嚴厲的道德制裁，才能使犯罪者無法遁形。茲從司法制裁與道德制裁兩方面加以探討：

一、司法制裁——對於一般民眾的經濟罪犯，應依犯罪性質，以適當的法律加以懲罰。對於具有特殊身份的公務人員或企業經營者的經濟犯罪，應以特別法加重量刑。對於逃至國外之經濟罪犯，應透過外交途徑，引渡回國，接受國內的司法制裁。

二、道德制裁——鄰里關係和社會輿論應對經濟罪犯加以嚴厲的道德制裁，使其不敢也無機會再度嘗試。大眾傳播媒體應負道德制裁的責任，不要只是製造新聞而已，要發揮新聞的教育與制裁的實質效果。

　　人類社會自古以來即有經濟犯罪的存在，而且隨著經濟活動的擴大，犯罪案件逐漸增加，犯罪規模逐漸龐大、犯罪手段逐漸高明，使人越覺得經濟犯罪是經濟成長的必然產物。可是，就各國的實例看來，經濟高度成長的國家並不比落後國家有更多的經濟犯罪。可見經濟犯罪與經濟成長並無必然的關係，反而與社會道德、經濟體制以及公共政策有直接的關係。因此，我們在追求經濟成長的過程中，應該配合良好的社會道德、合理的經濟體制以及適當的公共政策，才能有效地防止經濟犯罪的蔓延。

　　如果個人缺乏理性，就容易做出錯誤的消費與投資，增加經濟犯罪的可能性。如果社會缺乏法治，社會正義與經濟秩序就無法維持，就會加速經濟犯罪的蔓延。因此，如果人人崇尚理性，社會崇尚法治，那麼，經濟犯罪必將消失於無形。

第 10 章

生活經濟的新動向

第一節 生活需求的新變數

壹、現代人的生活經濟

在日常生活中，我們每天都會接觸到有關政治、社會、經濟、文化等問題，其中與生活的關係最密切的，就是經濟層面，可是，大部份的人總認為，關心經濟問題是經濟學家的事，與自己毫無關係，甚至有些研修經濟學的大學生，不但不關心報章雜誌上的經濟報導，也不會以經濟學的觀念，去處理自己的生活問題。造成這種現象的原因，經濟學家要負很大的責任，因為他們經常以深奧的用語和複雜的數理，去分析單純的經濟問題，致使許多人無法了解，甚至害怕了解。

其實，大部份的經濟規則都是由生活中歸納而來，就像個人與政府的權利義務關係一樣，消費者與企業也有許多需求與供給的規則。經濟學家把社會整體的經濟關係稱為總體經濟學；而把消費者與企業的經濟關係稱為個體經濟學。兩者的探討對象和分析方法雖然不同，但是，基本原則還是一樣的。經濟學家所追求的就是合理主義，是在公平競爭的條件下，以最少的投入，去獲取最大的產出。因此，所謂經濟觀，簡單地說，就是公平原則與效率原則。經濟學家相信，以這種經濟觀去處理生活問題，一定會使生活變得更有意義。

現代生活的基本模式是建立在生產模式與消費行為的關係

上，在一定的經濟條件下，如何選擇合理的生產—消費方式，是現代人不可忽視的問題。現代人必須了解生活需求的種類、品質與方式，才能奠定生活的基本依據；必須了解影響現代生活的經濟因素，才能合理地選擇生活的手段；必須了解現代生活的種種特質，才能選定理想的生活目標；必須了解創造生活效率的方法，才能有效地達成生活目標，這就是現代人的生活經濟。

貳、現代人的生活需求

人類具有生活需求的本能，有些是維持生命所必須的條件，例如飲食、服飾、居住、休息、睡眠、健康的保持等自然需求；有些是維持社會生活所必要的手段，例如求取知識、累積財富、自我表現、追求快樂、避免困擾等社會需求。這些基本需求並不因為時代的不同，而有所改變。但是，生活的重點、需求的品質以及滿足需求的方式，卻隨著社會的變遷，而有顯著的差異。

每個人的生活重點都不相同，有些人比較重視飲食，有些人則對服飾有較高的評價。生活價值觀的不同，不僅影響個人的消費行為，也影響個人的生活品質。現代人用於食品方面的支出比率已減少許多，但是，育樂方面的支出比率則大幅增加。易言之，現代人的生活重點，已逐漸脫離自然需求，傾向社會需求的滿足。

由於經濟條件的不同，人們對需求品質的要求也不一樣，就個人而言，高所得者的生活品質要比低所得者高，即使在十分貧窮的古代社會，王公富豪也能享有高品質的生活；就社會而言，科技進步的社會要比科技落伍的社會，更易於實現高水準的生

活。現代人由於所得的增加以及技術的革新，漸有能力要求需求品質的提升。例如飲食需求，本來只是爲了吃得飽，後來希望吃得好，現在則要求吃得快樂。可見，現代人的需求品質並非在滿足單一的需求，而是在追求同時獲得多種需求的滿足。

　　滿足生活需求的方式，有各種不同的選擇，譬如說，選擇飲食的方式，可以完全靠自己生產，也可以購買中間財在家裡調製，甚至可以在外面餐廳進食，而餐廳的選擇，幅度更大。由於經濟條件的變化，現代人的生產方式，已逐漸由家庭內生產轉移至家庭外生產；消費方式則由生產財轉移至消費財。企業提供了滿足現代生活的種種財物和服務，使現代人擁有更多的選擇機會，可是，選擇的機會越多，越使現代人陷入選擇的困惑。一般人決定需求方式的依據，往往只取決於價格的高低或品牌的知名度，尤其在企業的宣傳攻勢下，理性的消費行爲常被扭曲，現代人的生活也逐漸喪失自我。

參、生活經濟的新變數

■所得的變動

　　所得的提高（尤其是可支配所得）必會增加商品和服務的需求數量，而且可以提升商品和服務的品質，例如，當大眾都有能力購買電視機時，電視機的品質就會成爲大眾關心的問題。所得越高，越會仰賴市場的商品與服務，而且需求品質也越高。一個社會的所得分配越平均，新商品的普及速度就越快，企業規模就越大，社會就會傾向分工和效率化，經濟成長率也會大幅提高。因此，

爲了提升社會全體的生活水準，在致力於所得的提高之時，更應重視所得的平均分配。

■時間的價格

所謂時間價格就是邊際勞力供給價格，也就是每增加一個小時的勞動，可以獲得的報酬。一般人大都以自己的時間價格，作爲選擇需求方式的依據。如果市場價格低於時間價格，人們就會選擇這種消費方式。在一個社會裡，如果時間價格增加率超過物價膨脹率，大眾的需求品質就會提高；要是物價膨脹率大於時間價格增加率，大眾的生活品質就會降低。

■技術的革新

技術革新對現代生活影響很大，首先，它能開發新產品，進而改變人們的生活方式，例如，休閒商品的上市，會影響大眾的休閒生活；速食餐廳的出現，會改變大眾的飲食生活。其次，它能改善商品和服務品質，進而提升生活素質，例如，電子鍋的發明，可以讓人們隨時享受熱呼呼又好吃的飯，因而提升食的素質。再次，它能節省中間財和勞力，例如，洗衣機因爲可以節省許多勞力，而迅速普及，成爲現代家庭的必需品。最後，它能降低邊際成本和售價，使人們更易於購買，逐漸形成新的生活樣式。

■人口的密度

一般說來，人口密集的地方商店也比較密集，因爲大眾的利用頻率比較高。對消費者而言，如果附近有各式各樣的商店，就可以節省購物的時間成本，（即時間價格乘以購物時間）就會經常利用，所以就沒有必要購買大型冰箱，也不需要寬敞的廚房放置大

型冰箱。於是，居住空間因而改變，住的形態因而不同。在人口較稀的鄉村地區，居民外出購物的時間成本要比都市居民高，所以購物頻率就比較小，購買的商品就以較能保存者為多，而住宅的儲藏面積也比較大。因此，鄉村生活與都市生活的差異和人口密度的高低是有絕對正相關的。

■企業的規模

大企業挾具規模經濟的各種優點，在市場上掌有優勢的競爭能力，進而支配大眾的生活方式。中小企業即使開發出優良的產品，也因市場需求不明顯，而未敢大量生產，導致生產成本加重，而無法與大企業的產品相抗衡。於是，大企業便有較大的能力開發高品質的產品，而供給也較穩定。問題是，大企業往往會形成寡佔甚至獨佔的現象，政府若不給予適當的約束，大眾生活反會蒙受其害。以大企業為主的先進國家，都制定有反托拉斯法，使企業在公平競爭下造福民生。因此，先進國家的生活要比其他國家更富足、更穩定。

■生活手段的結構

生活手段所需的成本，包括資本財、中間財以及勞動三種費用。一個社會的生活手段若偏重勞力密集的產品，生活方式就比較容易改變。譬如說，生活手段的平均成本為十，其中資本財和中間財的費用為六，勞動費用為四。現在，假設新的生活手段可以節省二五％的勞動費用，但是，由於生產規模的限制，資本財和中間財的費用增加了二○％。那麼，勞動費用會減少一，資本財和中間財費用會增加一·二，結果，平均成本會增加○·二。新

的生活手段就不會被採用。相反地，如果原有生活手段的結構為資本財和中間財的費用四，勞動費用六。那麼，導入新的生活手段之後，勞動費用會減少一‧五，資本財和中間財的費用會增加○‧八。結果，平均成本會減少○‧七。當然就會採用新的生活手段。

■家庭主婦的就業

家庭主婦一旦加入勞力市場，時間價格就會增加，家庭內勞動的時間成本也會提高。於是，仰賴家庭外生產的機會增加，生活方式也因而改變。例如，某位家庭主婦的時間價格為一○○元，而在家做一頓飯所需的資本財（如鍋爐、餐具等）為二○元，中間財（如魚肉、青菜、調味品等）為一五○元，花費一個小時勞動的時間成本為一○○元，總共需要二七○元的成本。如果在外面吃一頓類似的飯，（假設其他條件一樣）所需的價格低於此一金額，就會選擇在外進食。因此，家庭主婦的就業率越高，家庭內生產的機會就會減少，專業生產就會增加，個人與社會的生活方式就會改變。

第二節 生活經濟的新樣式

壹、飲食的特質

　　飲食是人類賴以維生的基本條件。古代人的收入大都用於飲食，現代人的恩格爾係數雖然逐漸下降，但是，飲食支出依然是一般家庭最重要的消費項目。在一個社會裡，與飲食有關的產業，真是不勝枚舉，除了農、林、漁、牧業和食品製造業之外，餐具製造業、家電業、運輸業、能源產業、商業、服務業等都與飲食有直接或間接的關係。飲食產業的總生產值佔國民生產毛額的比率，一直相當高。由此看來，飲食對個人的生活方式與社會的經濟結構，實有密切關係。現代人的飲食生活具有下列幾個特質：

　　第一、飲食品質的提升——現代人的飲食需求，不僅要求食物的營養、衛生、可口和多樣化，更要求視覺、聽覺和感覺的滿足。例如，精美的餐具可以滿足人們的視覺、優美的音樂可以滿足人們的聽覺、高格調的氣氛可以滿足人們的感覺。這種多樣化的需求，促進了飲食品質的提升。

　　第二、食品工程的分工——由於飲食需求的多樣化以及生產規模的經濟性，食品工程越形分工與專業化。農、林、漁、牧所生產的食品材料，分別供應家庭、加工業者以及餐飲業者。加工食品業所生產的加工食品，部份流入家庭，部份流入餐飲業者。食品工程的分工，不僅降低生產成本，促進食品的多樣性，也提

升了食品品質。

　　第三、加工食品的普及──時間價格的增加，縮短食物的烹調時間，加工食品便應運而生。另一方面，加工和保存技術的進步，擴大了加工食品的種類，改善了加工食品的品質。目前，加工食品已成為現代生活中不可欠缺的食品，加工食品產業也成為經濟結構中最重要的一環。

　　第四、餐飲業的兩極化──現代人對餐飲業的需求，逐漸演變成兩個極端。一種是能夠提供多種美味料理、寬敞空間、上等餐具以及親切服務的豪華餐廳；另一種是只提供幾種固定餐飲以及簡單服務的速食餐店。前者雖然價格高昂，但是，能夠滿足人們的多種需求，成為追求快樂生活的重要方式；後者以規模經濟生產的結果，價格要比家庭內生產的成本為低，而且在嚴格的品管制度下，營養衛生也十分可靠。

貳、服飾的特質

　　人類對服飾的需求，本來是為了禦寒，其次是為了裝扮，現在則為了表現自己的個性。由於所得水準的普遍提高。現代服飾逐漸趨向個性化，現代人不僅擁有各種不同的服飾，也要從服飾中表露自己的特性。譬如說，一個人若三、四天都穿同一件衣服，必遭他人非議；如果在街道上偶然遇見跟自己穿同樣服飾的人，就會產生排拒反應。為了順應消費者的需求，服飾業者逐漸朝向多式樣、少產量的生產方向。當然，以成本觀念來說，這種生產方式是不合規模經濟的，但是，市場需求的變化，使廠商不得不

以提高服飾價格,從事這種方式的生產。現代人的服飾特質,有下列幾項:

第一、服飾需求的多樣化——由於季節的變化,擁有春、夏、秋、冬各種不同的服飾,這是自然的服飾需求。現代人更由於工作時間的縮短以及社會生活的複雜化,在不同的時間（如上班服和下班服）、地點（如外出服和居家服）和用途（如各種休閒服飾）,都有不同的服飾。每一個人所保有的服飾存量大幅增加,不僅造成服飾選擇上的困惑,也提高了服飾的存放費用。

第二、服飾知識的增加——在一個高所得的社會裡,如果大眾缺乏服飾知識,就容易產生高價位主義以及商標主義。前者是相信貴的就是好;後者是一味相信某些廠牌。結果,服飾的式樣和價格就會受到大廠商的控制,大眾就會成為服飾供給者單方面的傾銷對象。如果大眾對服飾的式樣、品質和價格,具有充分的認識,並按照理性的消費行為去購買,廠商必會改良設計、提高品質、降低價格。因此,服飾知識和服飾水準是相輔相成的。

第三、服飾產業的專業化——現代服飾的縫製技術,必須經過長期的訓練,投入高額的費用之後才能習得。一般家庭已喪失生產服飾的能力與效益。於是,服飾產業一方面以專業化的優勢,提供色彩豐富、設計新穎、尺寸合適的產品;另一方面,則以規模經濟降低生產成本,提供合理價格的服飾。服飾產業專業化的結果,不僅滿足了消費者的需求,也提升了服飾水準。

第四、服飾相關產業的興隆——服飾需求的改變帶動其他相關產業的興隆。衣服必須經常換洗,才能維持乾淨舒爽,於是,

洗衣機、電熨斗等家電業、肥皂、洗衣粉等清潔用品等，以及洗
衣店等相關產業便應運而生。由於衣服存量的增加，需要放置衣
物的場所和防蛀藥品，才能長期保存，所以衣櫃、衣箱等家具業
以及化學藥品業也開始興隆。另外，有些服飾只用於特殊場合（如
結婚禮服），使用率很低，一般人大都採取租用的方式，服飾出租公
司因而崛起。

參、住宅的特質

古代人的住宅需求，只在求得一處遮風避雨的安身之地。現
代人的住宅功能則十分複雜，歸納起來，大致可以分為三種。第
一是直接滿足個人需求的場所，如吃飯、睡覺、休息、團聚、讀
書、休閒等。第二是提供家庭內生產的場所，如料理、洗衣、清
潔等。第三是存放物品的場所，如各種電器製品、廚房用具、寢
具、家具等。由於經濟社會的變遷，住宅功能有了顯著的變化。
如何運用住宅的功能，提升住的素質，已成為現代人必須面對的
課題。

第一、房間功能的細分化──過去，吃飯、睡覺、休息等活
動都在一個大房間裡。現在，則依使用目的，細分成各式各種的
房間。例如客廳、廚房、餐廳、寢室、書房、浴廁、儲藏室等。
這種住宅設計，方便人們得以依自己的嗜好和目的裝飾房間，也
使人們節省變動使用目的所需的時間，充分達到高品質、高效率
的效果。

第二、生產功能的衰退──古代人對於家庭消費所需的食

物、加工品和衣服等生活必需品，都依靠家庭內的生產。現代人則大部份仰賴家庭外生產，而且因電器用品的普及，家庭內勞動的時間也大幅縮短。在這種趨勢下，住宅的生產功能日漸衰退，用於家庭內生產的部份佔總面積的比率也逐漸減少。

第三、存放物品的變化——從前的住宅必須具有儲存農產品和存放製造各種生活必需品的工具（如樽、臼、杵、石頭等）之功能。現代住宅雖然也具有存放功能，但是，物品內容卻與從前迥然不同。一般家庭所存放的物品通常是洗衣機、冰箱、烤箱、吸塵器等家庭電器用品、電視、音響、鋼琴等休閒器材、各式各樣的餐具、服飾、書籍，以及各種運動器材等。

第四、大型住宅區的增加——在農業社會時代，爲了便於從事家庭內生產，住宅形態都以單獨戶爲主。現在，由於土地價格的高昂，尤其在大都市裡，都以大型住宅區取代單獨戶，而且不斷地往高空發展。大型住宅區的特色，是商店林立，便於居民的購物，而且學校、公園、圖書館、活動中心等公共設施較多，可以提升居民的文教水準和休閒品質。

肆、休閒的特質

古代人大都從事肉體勞動，工作時間也長，而在非工作時間內，又要從事家庭內生產；所以休閒時間既短，休閒活動也只是單純的休息而已。現代人則有更多的休閒時間，也有更多的休閒活動可以選擇。如何利用休閒時間、安排休閒活動，已成爲現代人熱中的問題。休閒活動有四個必要條件，就是時間、道具、場

所與服務。除了時間之外，道具、場所與服務都必須由市場供給。例如打高爾夫球，球具的取得、球場的使用、球童的服務等都必須以金錢去購買。一般說來，越高級的休閒活動，需要的費用也越高。由休閒活動的內容，往往可以看出一個人的所得水準與生活品質。現代人的休閒生活也有下列幾項特質：

第一、休閒時間的增加——由於科技的進步與勞動生產力的提高，現代人的工作時間逐漸縮短。目前，歐美先進國家均採用「五天工作制」，每年的工作時數也降至二千小時以下。另一方面，由於時間價格的提高以及家庭電器化的普及，家庭內勞動的時數也大為降低。這兩個因素使現代人的休閒時間大幅增加。工作時間、休閒時間和睡眠時間，已成為現代生活的三部曲。

第二、休閒種類的擴大——隨著社會的進步，休閒活動的範圍不斷擴大。有些是娛樂性的，如觀賞影劇、登山運動、蒐集古玩等；有些是學習性的，如學習外文、插花、書法、音樂、美術等；有些是創造性的，如寫作、作曲、手工藝、創造陶瓷等；有些是服務性的，如幫忙整理社區環境以及各種志願服務等。現代人的休閒活動，正逐漸配合社會文化的推動，成為更高水準的休閒文化。

第三、休閒產業的繁榮——休閒活動是現代人主要的生活內涵，休閒產業也是現代經濟重要的一環。廣義的休閒產業，包括休閒用品業、娛樂業、旅遊業、餐飲業、文化事業等等。休閒產業提供道具、場地與人的服務，其中以人的服務份量最重，費用最高。由於獲利率頗高，休閒產業極易繁榮，但是，當景氣蕭條

時，也極易受到影響。

　　第四、交通設施的充實——都市居民對休閒設施的需求特別
殷切，然而，由於地價的高昂以及產業開發的優先順序，大規模
的休閒設施往往無法在都市內建設，必須設置在郊外。為了使都
市居民充分使用郊外的休閒設施，交通設施的充實是必要的。為
了提高都市居民的休閒素質，交通建設已成為市政的重要課題。

伍、服務商品的特質

　　在古代社會裡，生活十分單純，根本不需要他人的服務。可
是，在現代社會裡，則不能沒有他人的服務。每天使用的電氣、
瓦斯、水，都需要他人的服務；每天搭車上、下班，也需要他人
的服務；每天的購物，更需要他人的服務。在人與人之間的關係
日趨複雜，個人、企業與政府的接觸日益頻繁的現代社會裡，服
務業為我們解決了許多生活上的問題；服務商品已成為現代人不
能或缺的商品。隨著經濟的成長，服務業的範圍和產值以及從事
服務業的人口會不斷增加。例如，美國的服務業人口佔就業人口
的比率高達七十％。現代服務業的特質，可從下列幾個方面來說
明：

　　第一、服務業的專業化——現代社會分工極細，許多生活事
務都需要服務業的協助，才能事半功倍，順利達成目的。所以社
會分工越細，服務業的專業化程度也越高。過去，只有醫生、律
師、會計師等服務業才具有專業化的條件，現在，任何服務業均
需具有專業化的知識；否則，就難以生存。

第二、服務業的機械化——快速服務是服務業所標榜的口號。為了提高服務效率，除了人為因素之外，還必須在服務過程中，採用機械化。金融機構所採行自動化作業，就是最典型的例子。其他如相片的快速沖印機、飲料的自動販賣機、資料的傳真機等，也是服務業普遍採用的機械。服務業的機械化不僅縮短服務時間，也提升了服務素質。

第三、資本利用率的提高——有些服務業需要鉅額資本，以購買儀器設備，僱用專業人員。例如，電氣、瓦斯、自來水、交通運輸、大型醫院等。這種服務業雖然耗資很大，但是，利用率高，邊際成本也低。現代人大量購買服務商品的結果，提高了服務業的資本利用率，也提升了服務業的水準。

第四、自助商品的普及——由於人們對服務商品的需求不斷增加，服務商品的價格也不斷上升，於是，自己服務的商品便逐漸普及。例如，自助餐飲、自助洗衣、自助旅遊、自助加油站等自助產業，以及速食品、攜帶用化妝品、簡易理髮刀、各種電器用具等自助產品。自助商品不僅可以節省服務費用，也可以滿足自己動手的樂趣，對現代生活具有多重的意義。

陸、生活效率的追求

人類在長期的摸索中，創造了現代的生活模式。從上述各種生活的特質中，我們可以歸納成一個結論：生命是在創造生活的效率，也就是要以合理主義，去設計人生的計劃，安排生活的細節。雖然人生而感性，但是，知識的學習與人生的體驗，能使我

們逐漸傾向理性，逐漸邁向更有意義的生活。創造生活效率的方法很多，本書僅就三個基本原則，提出探討：

第一、要設立優先順序——人生有不同的階段，生活也有不同目標，必須按照優先順序，逐步完成。一個人在某一期間內的能量是一定的，如果多做某些事，就要少做其他某些事，這就是機會成本的觀念。在一定的能量下，如何從眾多的事物中，選擇最適當的事物組合，是件不容易的事。如果有了優先順序的觀念，就可以幫助我們克服許多不必要的困惑。同時，根據比較利益的原理，集中處理優先事物，可以獲得更高的效率，使目標更易達成。

第二、要有成本—效益的觀念——當我們在追求生活目標之時，必須付出代價，這就是成本—效益法則。如果效益大於成本，這件事就值得嘗試；否則，就必須暫緩行動。如果因為惰性，不做成本—效益分析，只是一味地聽別人；或是由於感性，而犯上「不可為而為之」的錯誤，就很容易遭致失敗。因此，在我們的生活裡，千萬不要受惰性與感性的干擾，要以理性的態度，去決定自己的行為。

第三、要制訂判斷指標——正確而快速的判斷是現代人必須具備的條件。如果有了判斷的指標，就可以節省許多了解與分析的時間，迅速判斷人、事、物的本質與自己應該採取的對策。如果判斷錯誤，就應該立刻修正判斷指標，使其更接近事實，這樣才能生活得更有效率。

現代人的生活需求以及影響生活的經濟因素都不斷地在改

變。如何在變動的環境中，創造生活的效率與生命的價值，是現代人必須重視的問題。雖然生活的內涵十分複雜，個人解決生活問題的方法也十分紛歧，但是，經濟法則的合理主義，能對生活的定義，提供精確的詮釋；對生活的方式，提供具體的分析。現代人若能培養自己的經濟觀，充分運用經濟的法則，一定會使生活更有效率，更有意義。

筆者深信，經濟觀是主宰生活的主要力量。一方面，我們要以現有的經濟觀，去處理日常生活；另一方面，我們也要從日常生活中，創造新的經濟觀。唯有在不斷的運用與創造中，生活經濟觀才能發揮更大的作用，生活素質才能獲得更大的提升。

第三節　生活經濟研究的新趨勢

壹、生活經濟研究的三階段

　　人類對生活經濟的研究，可以分為三個階段，第一個階段是家計調查，第二個階段是家庭經濟學，第三個階段是生活經濟學。在家計調查階段，主要是以家計調查的方式，去分析家庭的收支情形，作為了解國家財富和實施救貧措施的依據。其中，最具代表的學者就是恩格爾，他不僅從家計調查中去測定個人、家庭與國民的福祉，也從家計調查中發現了「恩格爾法則」，對生活經濟的研究提供了理論的基礎。其次，就是亞蓮（R. G. D. Allen）與鮑利（A. L. Bowley）對家計支出的研究，率先以經濟理論去分析家計支出，並以數理方法去充實家計支出的理論基礎。這個階段的研究重點，是偏重在調查技術的改良和調查結果的分析，嚴格說來，只是家計收支的實證研究而已。

　　在家庭經濟學階段，是由家政學逐漸演變成家庭經濟學（home economics）。傳統的家政學包含了食衣住行、家庭簿記、家庭衛生、育兒常識等知識，後來才逐漸獨立成以家計收支、金錢的使用、儲蓄與負債、家庭簿記的整理等知識為內容的家庭經濟學。目前，家庭經濟學的內涵則包括基礎理論、家計收支、消費行為、家計規劃、家庭簿記、儲蓄與負債及家庭經濟的社會化等。家庭經濟學主要是以個體經濟學的理論與各種經濟統計資料，作為探討家

庭經濟生活的基礎，可以說只是家庭經濟活動的理論分析。

隨著經濟社會的變動，家庭經濟也產生了變化，範圍更爲廣泛，內容更加複雜，研究方法更需以科技整合的生活科學加以因應。生活經濟學的內涵，除了原有的家庭經濟學之外，還應包括生活水準、消費者保護、消費者信用、總體經濟的關連以及家庭生活法則與結構等。生活經濟學的發展已逐漸脫離**實證經濟學**（positive economics），朝向生活科學的領域。

貳、生活經濟研究的新趨勢

未來，生活經濟研究的新趨勢大致有下列幾個方向：

第一、歷史的實證研究——生活經濟的內涵與結構，迄今仍然缺乏歷史資料的實證研究，只是從生活的概念中，自由推論的結果。爲了更確實掌握生活的內涵、更了解生活的結構，必須再度從歷史的事實中，去尋求生活的原點，同時，以生活科學的方法，去建構出一個新的理論體系。

第二、家計研究——在傳統的個體經濟學裡，只有處理市場經濟中有關生產與消費的問題，易言之，只著重在企業內部的生產行爲（包括成本、產量和收益）以及企業與家計之間商品與勞力的交換關係，對於家計內的經濟行爲則付之闕如。個體經濟學似乎只是市場經濟的代名詞，與家庭經濟幾乎沒有關連，這是個體經濟學的一大缺失，因此，生活經濟學必須著重在家計的研究上，對於家計的收支、消費、儲蓄和規劃，必須更細密的加以研究。

第三、家計與總體經濟關係的研究——傳統的總體經濟學是

以政府的公共政策為主，尤其偏重在財政、貨幣和國際貿易等政策上，對於政府與家計的關係及總體經濟與家計的關係則少提及。在廣泛採用計量方法之後，總體經濟越趨複雜，與生活經濟的關係越趨脫節。現代人似乎生活在模型與數字的金字塔內，卻不知道這些模型與數字對生活的意義。因此，生活經濟學必須對家計與總體經濟的關係加以研究，並以簡單的解說，讓人人了解自己的立場與生活的意義。

第四、家計調查的研究——家計調查雖有漫長的歷史，但是，在調查的方法和可信度的分析上仍有爭議之處。如果家計資料不能確實掌握，不僅國民的生活經濟會遭致扭曲，政府的公共政策也會遭致失敗。全國性的家計調查必須投入龐大的人力和物力，非由政府推動不可，所以主計單位不僅要擴大調查的內容，也要改善調查的方法，並要向全體國民解釋統計資料的由來與應用上的限制，千萬不可以不實的統計資料扭曲事實，誤導民意。若能如此，生活經濟學家就可以更多心思從事生活經濟的研究。

第五、家計法則的研究——長久以來，恩格爾法則支配了家計法則的研究，但是，現代人的價值意識與生活樣式已有很大改變，恩格爾法則如何應用在現代生活裡？其他家計法則如何建立？都需要進一步研究，尤其在家計調查日漸完整之後，更有利於家計法則的研究。

第六、消費者信用的研究——家庭儲蓄的研究一直未受重視，尤其是負儲蓄的研究更是鳳毛麟角。最近，個人理財的觀念日漸普及，消費者信用的風氣也日漸盛行，一般人已逐漸重視家

庭儲蓄的應用，但是，在理論的研究上，仍然十分缺乏。今後，除了傳統的家庭儲蓄之外，生活經濟學應特別重視消費者信用和家庭資產的研究。

第七、生活水準的研究——生活經濟的目的是在提升生活水準，但是，對於生活水準的測定和生活費用標準的制定，卻依然是難以解決的問題。傳統的研究方法是以消費水準解釋生活水準，並以消費水準作爲制定生活費用標準的依據，大都忽略了非貨幣性的因素和地區性的差異，因而造成了許多缺失。生活經濟學必須對生活水準的定義、範圍、測定方法、地區差異及最低標準的制定詳加研究，才能克服上述難題。

第八、生活科學的研究——目前的生活經濟學是以經濟學的價值體系加以應用，但是，在應用時常會發生矛盾的現象。今後的研究方向，可能要綜合其他學科，發展出生活科學的新領域，然後，在新的生活架構下，發展出新的生活經濟理論。

第九、消費經濟學的研究——消費行爲是生活經濟學中最重要的一環，在經濟學的領域裡，是以效用主義作爲探討消費理論的基礎；在市場學（marketing）中，是以市場調查作爲分析消費行爲和產品行銷的依據。因此，目前的消費經濟學仍然偏重在效用理論與消費行爲的分析，對於企業責任、消費者主權、消費者保護措施及其他消費問題，尚未進行整合性的研究。今後的生活經濟學必須將相關的消費問題綜合起來，發展出以消費者爲主體的消費經濟理論。

第十、經濟犯罪的研究——犯罪的研究一般是屬於法律學的

範疇，但是，在生活經濟裡，由犯罪所造成的經濟損失是十分嚴重的，若不加研究，可能會造成一些缺失，所以生活經濟學也應該配合法律學的研究，將經濟犯罪納入研究的課題。

生活經濟短論

壹、生活素質

最近，生活素質已成為大家常用的名詞，也是個人勞力追求的生活目標。可是，一般人對生活素質的觀念並不十分清楚，即使在學術上，也沒有統一的見解。

幾乎每一個人都有與生俱來的特性，這些特性受到其他人和生活環境的影響，逐漸形成生活價值觀。理想的生活方式就是根據這種生活價值觀加以設計的。因此，我們可以說，生活素質就是理想生活的實現程度。

人類所追求的理想生活，歸納起來，不外乎富裕、精緻和安全三個層面。人類為了生活，首先，必須擁有維持生命所需的物質，而且擁有越多，生活就越好。當擁有物達到某種水準時，就自然會要求精緻化，使物質變得更精英、更方便、更舒適、更經濟、更快速、更可靠。最後，這些精緻的擁有物必須受到安全的保障，才能達到理想生活的境界。

為了獲得富裕的生活，必須以勤勞的態度，去從事工作與休閒。要以勤勞去提高勞動生產力；要以公平競爭的方式去獲取財物；要以正當的活動去充實休閒生活。

為了獲得精緻的生活，必須以效率的方法，去改善生活的內涵。要以有效率的技巧去使用時間與財物；以研究開發去提高工作品質；要以愛心和耐心去面對人、事、物和自然。

為了獲得安全的生活，必須以互助的方法，去保護自己和他人。要以社區居民的互助去防止犯罪和公害；要以消費者的互助

去消除不良商品的橫行；要以所得重分配的方式去保障社會弱者的生活。

提升生活素質，是在創造一種富裕、精緻和安全的理想生活。這種理想生活有賴個人的勤勞耕耘、效率追求與互助行為方能達成。在這只有一次的人生中，讓我們一起來努力，共同創造一個高素質的理想社會。

貳、生活指示器

現代人的經濟行為通常都是根據某種標準而變化，這種標準就是生活指示器。生活指示器的種類很多，有價格指示器、工資指示器、利率指示器、氣象指示器等等。生活指示器並不顯示背後的事實。例如，雞蛋的價格上漲了，到底是生產財價格的提高、生產技術的落伍、市場需求的增加，還是供給者的操縱？一般人並不知道。就好像氣溫降低了，一般人卻不知道是什麼原因造成的。

生活指示器也極易遭受破壞。例如，在商品市場上，企業為了追求利潤的極大化，常以聯合寡佔的方式，使價格指示器無法反映出合理的價格；也常以不實的廣告宣傳，誤導消費者接納不合理的價格。生活指示器一旦遭受破壞，個人的經濟行為就將遭致扭曲。想想，如果證券市場的行情指示器受人為的干預，無法反映正確的事實，投資人的投資行為就要承受極大的風險。

如果生活指示器的指標與經驗法則的結論有所出入，就應該進一步去觀察其背後的事實。比方說，新台幣升值後進口商品應

該降價，如果價格指示器沒有變動，就應該要求進口商品說明不降價的理由。要是理由違反事實，消費者就應該拒買。

如果生活指示器的運作健全，我們就可以根據指示器的反映，採取合理的行為。譬如說，商品市場上的物價指示器有上升的反應，我們就應該減少購買該商品的數量；相反地，就應該增加購買數量或減少費用支出。

因此，在運用生活指示器時，應該先檢查指示器是否正常，然後再依指示器行動。如果不問指示器是否故障，就盲目行動，就可能導致失敗；如果不按正常的指標行動，也可能遭致損失。

善用生活指示器，將是邁向理性生活的第一步。

參、人力投資

現代人不再以保住一份工作，領取固定收入為滿足，而是積極在尋求更高薪的工作或兼職的機會，並從事各種投資，以增加收入。另一方面，節約已不再被視為美德，儲蓄的觀念也逐漸被投資取代。消費與投資已成為個人理財的兩大內涵。

在消費方面，除了基本生活消費之外，健康性消費已漸受重視。例如，生活環境的改善、人際關係的促進以及健康檢查與維護。在投資方面，除了財物投資（包括投機性投資與儲蓄性投資）之外，人力投資也普被接受。

人力投資可分為知識性投資與技術性投資兩種。例如，進修外國語文及貿易常識或證券分析、接受專業訓練，甚至出國觀光考察等都是知識性投資；而學習電腦操作、程式設計、工作技術、

美工或手工藝等都屬於技術性投資。

人力投資是涵蓋貨幣成本與時間成本的長期性投資，投資人必須慎重行事，以免血本無歸。首先，個人應該根據自己的預算、嗜好和專長，以及市場的需求狀況和報酬水準，選定最有利的人力投資項目，並編列投資期間表；然後，選擇一個最適當的機構（應考慮到師資、設施、收費和輔導），再以最大的努力和恆心全力以赴。千萬不要以好玩或趕時髦的心態草率從事，也不可半途而廢，一定要達成預期的目標。最後，必須以習得之知識技能，尋找工作機會或從事財物投資，使所得不斷增加。這樣，才算完成一項有利的人力投資計劃。

我個人的「所得配置」，是採取「一一三五制」，也就是以一○％用於人力投資；一○％用於健康性消費；三○％用於財物投資；五○％用於基本生活消費。至於人力投資的項目，我選擇了「購書」的投資，因為這些書籍可以幫助我研究和寫作，使我的工作更順利，所得更增加。

從事人力投資，不要只考慮到投資期間和貨幣收益，也要考慮到精神的負擔和樂趣。最成功的人力投資，應該是同時獲得貨幣收益和精神樂趣的投資。

肆、工作挑戰

由於經濟社會的變遷，婦女的勞動參與率正逐漸提高；由於婦女教育水準的提升，婦女的工作能力正逐漸增強；由於產業結構的改變，婦女的工作機會正逐漸增加。這些因素使婦女的勞動

生產力和經濟地位有了顯著的改善，甚至有凌駕男性的趨勢。

　　造成這種現象的主因，在於男性未能充分掌握自己的工作所致。一般說來，能力較高的男性往往企圖創業、準備跳槽或出國進修；而能力較低的男性則不求長進，只想混一口飯吃。結果，企業就難以留住人才，造成管理人員的斷層。

　　雖然一般女性都缺乏萬丈雄心，卻能細心和耐心地做好自己的工作，並且運用「柔性的人際關係」，取得同事、客戶和老闆的信任，進而獲得晉升的機會。

　　我們必須承認，現代社會仍有「性別歧視」的現象，可是，隨著「效率主義」的流行和「女權主義」的高漲，男女平等的時代終會來臨。如果男性不奮力自強，不力爭上游，將來的勞力市場將會呈現「女性優勢」的局面。

　　面對女性的工作挑戰，希望能力較高的男性朋友們，要堅守自己的工作崗位，不要好高騖遠或貪圖短期的利益。同時，奉勸能力較低的男性朋友，要努力充實自己的工作能力，不要自怨自艾或沉迷於牌桌和電視機。所有男性朋友都必須體認時代的轉變，以實力和信心，在勞力市場上與女性一爭長短。

　　上帝創造男人和女人，就是要我們公平競爭，相互協助，共同成長。遵守這種自然法則，不僅可使兩性關係趨於協調，也可使經濟社會邁向繁榮。

伍、基準價格

　　消費者對於任何商品都存有主觀的價格基準，並根據這種基

準的價格，決定購買的數量。譬如說，某人認爲雞蛋每斤價格爲二十五元，如果售價漲至三〇元，就會覺得太貴，而減少購買的數量；相反地，要是售價下跌爲二〇元，就會覺得便宜，而增加購買的數量。

由於個人所取得的價格訊息不同，對價格訊息的判斷能力和判斷方法有別，消費者對同種商品的基準價格就因人而異了。一般人常認爲，女性比男性會買東西；年長者比年輕人更拘泥於價格。事實上，性別與年齡並非影響基準價格的因素，商品的普及率及消費者的購買頻率才是影響基準價格的眞正因素。商品的普及率越高，消費者的購買頻率就越大，商品訊息就會增加，基準價格就容易形成。消費者對於沒有購買經驗的新產品，完全不具基準價格的觀念，必須在嘗試錯誤中，慢慢接受這種產品後，才逐漸形成基準價格。

對於中等收入的消費者而言，購買新產品是很大的風險，因爲基準價格尙未形成，根本無法從事理性的消費。再說，新產品的售價一定很貴，推出新產品的企業一定可以獲得很大的利益。於是，便有新企業會加入生產，競爭的結果，會使價格下降。因此，早買就是損失，消費者必須引以爲戒。

總之，消費者應該早日建立基準價格的觀念，不要做個「急性的犧牲者」。

陸、時間價格

時間就是金錢。當我們從事有償性勞動時，每增加一個單位

的勞動可以獲得的報酬，就是時間價格，由於勞動報酬的不同，每個人的時間價格也互異。我們通常都是根據自己的時間價值，計算時間成本，選擇消費方式。

假設某人每小時的時間價格為一〇〇元。當他選擇交通工具由台北前往高雄時，如果國光號的車資比普通車貴八〇元，但是，可以提早一個小時到達。那麼，他就會選擇國光號，因為車資雖然貴了八〇元，時間成本卻可節省一〇〇元。

假設某位家庭主婦每小時的時間價格也是一〇〇元，而在家做一頓飯所需的資本財（如鍋、爐、餐具等）為二〇元，中間財（如魚、肉、青菜、調味品等）為一五〇元，所需的時間為一個小時。那麼，總共需要二七〇元的成本。如果在外面餐廳吃一頓類似的飯（假設其他條件一樣）所需的價格低於二七〇元，她就會選擇在外進食。

不重視時間價格的人往往會以更高的時間成本，去換取售價上的小便宜，結果卻得不償失。有些人則喜歡漫無目的地逛街，真是一種大手筆的浪費！

目前，美國正在流行一種「貧時症」，人人都在為時間的不足而苦惱，為時間付出巨大的代價。相信在不久的將來，國人也會感染這種病症，時間價格的觀念必將普及。

柒、空間價格

由於人口的增加，現代人的生存空間日益狹小，空間價格日趨高漲。尤其在大都市裡，居住空間的取得更是困難。就以台北

為例，西門町、南京東路等繁華區的地價，每坪高達百萬元。因此，善用空間已成為現代人必須努力的課題。

在從事消費行為時，必須考慮空間價格的問題；否則，就必須負擔高額的附加費用。如果要購買大型的家電製品或家具，消費者必須覺悟到，住宅空間必須加大。

例如大型電視機，除了需要較大的放置空間之外，也需要更寬敞的觀視空間。結果，客廳的坪數就必須增加。同樣的道理，如果購買大型的衣櫃，就必須增加寢室的空間；購買大型的電冰箱，就必須增加廚房的空間；購買大型的書桌，就必須增加書房的空間。如此一來，住宅空間就必須不斷擴大。

假設住宅價格每坪為一〇萬元。如果因為購買大型家電製品或家具需要增加五坪空間，那麼，在購買住宅時，就必須增加五〇萬元的費用。若以六％的年利計算，平均每年要損失三萬元的利息；若以複利計算，到了第十年，就要增加八十九萬五千元的支出。（五〇萬元的一‧七九倍）

消費者如果具有空間價格的觀念，在購買大型商品時，就不得不慎重了。

捌、消費者主權

由於消費者問題日趨嚴重，消費者主權已普受各國的重視。中華民國消費者文教基金會雖然大力倡導消費者主權的觀念，也以實際行動抵制忽視消費者主權的企業，但是，基於民間團體的權限，往往無法充分保護消費者的權益。

　　亞當史密斯（Adam Smith）曾在《國富論》的名著中寫道：消費是一切生產的目標，生產者的利益必須以促進消費者的利益為前提。這就是消費者主權的觀念。如果企業以不實的材料生產有害商品，以排棄的廢物製造公害，以寡佔方式調高售價，都是消費者主權的侵犯。

　　為了遏止企業的侵犯，消費者應該掌握充分的商品知識與市場訊息，並以拒買和抗議的行動制裁侵犯消費者主權的企業。如果為了貪圖便宜而購買有害商品；為了方便而光顧地下攤販；為了息事寧人而默認惡劣服務，都是幫助不良企業侵犯自己的權益。

　　先進國家的政府都以特別的立法和專責的機構，保障國民的消費者主權。如果不制定消費者保護法，防止企業侵犯消費者主權，也不以專責機構，處理消費者的申訴，就怠忽了政府應盡的職責。

　　總之，消費者主權必須在企業、消費者及政府三者的共識和努力下，才能受到充分的保護。如果企業不顧社會責任，政府不負保護責任，消費者主權必將時遭侵犯。

　　消費是一種藝術，也是一種技術；消費行為不僅需要智慧，更需要勇氣。保護消費者主權，就是藝術與技術的結合，智慧與勇氣的發揮。

玖、市場資訊

　　在資訊時代裡，控制了資訊，就是控制了有利的條件。在現

代的消費行爲中，掌握了市場資訊，就是掌握了購物的利益。

當我們購買大筆金額的不動產或耐久消費財時，就會重視市場資訊。可是，當我們購買日常的生活用品時，就往往忽略了市場資訊的重要性。結果，在每天的購物中，就不知不覺地造成了許多浪費。

任何一家商店都有比別家貴和比別家便宜的商品。如果消費者對市場行情一無所知，只憑主觀的認定或店員的促銷而決定購買，就容易購得較貴的商品。

古人說：貨比三家不吃虧。可是，在眾多的供給者和日益細分化和高技化的商品結構中，消費者若無充分的市場資訊，即使貨比三十家，依然要吃虧。

在先進國家裡，都有許多消費指南和商品介紹的書籍雜誌，即使在每天的報紙內，都夾有許多商店的廣告傳單。消費者在購物之前，可先對商品的種類、性能、價格和陳售地點等，作一番比較研究。有了這種市場資訊，消費者就更能掌握市場行情，購物的時間成本就會減少，購物的信心就會增加，消費水準就會提高。

只要擁有充分的市場資訊，消費者就不必挨家殺價，也不必精挑細選，而能買得愉快，買得安心。

因此，我們希望，企業界和大眾傳播界能夠提供更多、更正確的市場資訊，作爲消費者購物的參考。人人重視市場資訊的結果，不僅可以增加消費者的消費情趣，更可提高給者的銷售數量，可謂一舉兩得。

拾、輕薄短小

一九八二年，日本經濟新聞社出版了一本《輕薄短小的時代》，立即風靡了東瀛。在國內，輕薄短小的觀念也逐漸受到企業界和消費者的重視。

在商品市場上，小型的照相機、計算器、隨身聽、叢書等等都深受消費大眾的喜愛。在生活方式上，輕薄短小的觀念也蔚成風氣。譬如說，「輕」度的飲食、「薄」質的服飾、「短」捷的交通工具、「小」巧的住宅等等都已成為現代生活的特色。

從科技發展的演變來說，輕薄短小的商品是由重厚長大的商品發展出來的，所以性能上是比較優越的。對消費者而言，輕薄短小的商品使用簡單，利用率高；價格便宜，容易被消費者接受；放置空間小，可以節省空間成本；維護方便，如果無法修護，丟棄亦不甚可惜。

輕薄短小的商品不是偷工減料的商品，應該是更安全、更舒適、更方便、更快速、更經濟、更精確的商品；輕薄短小的觀念不是敷衍了事的觀念，而是更精緻、更踏實、更有效、更富美感的觀念。

在一個高度開發的消費社會裡，「小就是美」的觀念已取代了「量多就是好」的觀念。如果一味地追求量的成長，固執地重視重厚長大的商品，將是時代的落伍者。

因此，購買輕薄短小的商品，就是提升消費品質的基本條件，追求輕薄短小的生活方式，就是邁向精緻生活的第一步。

拾壹、高級商品

隨著所得的提高，一般人的消費內容逐漸傾向高級化。可是，怎樣的商品才算高級呢？答案就眾說紛云了。一般人常以高價的、豪華的、高雅的、時髦的、稀少的……等形容詞去解釋，尤其是「貴的就是高級」的觀念，更為大多數人所肯定。

其實，高級商品應該是品質的問題，所謂品質，除了商品本身的特質之外，還包括對使用者的效用。例如，高級食品應該有助於使用者的健康；高級的服飾應該增進使用者的美觀；高級的住宅應該添增使用者的生活情趣；高級的汽車應該保護使用者的安全。如果對使用者不能產生很大的效用，再高價的商品也不能算是高級商品。因此，高級商品並非純粹基於商品本身的價值，而是消費者給予的認定。

可是，一般消費者對於商品品質的認識並不充分，常受供給者的宣傳播告和推銷技巧所左右。高級商品的形象往往不是消費者自己的認定，而是供給者塑造出來的。由於高級商品涵蓋許多純生產以外的成本，市場售價當然遠超過實質價值。對於中等收入的消費者而言，購買此類商品將會蒙受損失。

在一個進步的社會裡，新商品不斷推出，消費者的嗜好不斷改變，原有的高級商品就會淪為次級商品。因此，一般消費者應該購買的商品並非高級品，而是價格適中，品質不差的商品。

拾貳、交易的藝術

　　每天，我們都要從事許多次的購物，卻常常購買得不愉快，甚至又氣又悔，好像花錢找氣受。這種現象往往是販賣者以「偷斤減兩」或「魚目混珠」的做法推銷商品以及由購物者以「不信任」或「貪便宜」的心態購買商品所致。兩者在交易過程中各顯神通，總希望佔取對方一點小便宜。於是，兩者便展開了一場「醜陋的戰爭」，造成了一個「不歡而散」的結局。

　　購買者根據自己的主觀偏好，在眾多的販賣者中，選擇一個交易的對象，這的確是一種「緣份」。如果雙方都能帶著「有緣來相會」的心情從事交易，一定會使交易產生一個愉快的開始。

　　在交易的過程中，雙方若能以「人性交流」的立場，彼此信賴、彼此協助、彼此關心，一定會增加交易的愉快氣氛。在交易結束時，販賣者若能給予一個小小的折扣，購買者若能說一句親切的謝辭，將使交易達到完美的境界。這就是交易的藝術。

　　時代的進步使人類的交易行為變成貨幣與商品單純交換。自動販賣機的使用，不僅破壞了人性的交流，更否定了交易的藝術。即使是百貨公司或超級市場，冷漠的服務人員也只會以機械般的動作收錢，根本流露不出一點人的味道來。

　　在一個開放、富裕的社會裡，購買者不僅有要求商品的安全品質和合理價格的權利，也有要求販賣者重視交易藝術的權利。作為一個消費者，我們有權拒絕沒有人性的交易！

　　當然，交易是雙方的事，購買者也應負起交易藝術的責任。唯有買賣雙方共同追求交易藝術，消費品質才能提升，人性交流才能和諧。

拾參、行銷陷阱

「賺女人的錢最容易」，這是時下十分流行的觀念。可見，女性容易陷入行銷技巧的陷阱，是個十分感性的消費者。

以女性為對象的行銷策略，通常是針對女性的弱點，加以圓滑運用，使女性消費者在不知不覺中掏錢購買。最常見的策略有下列幾種：

第一、樹立名牌崇拜——利用女性對美與力的崇拜，樹立名牌就是美觀、時髦、進步和身份地位的象徵。

第二、強調科技的神話——利用女性對科技的畏懼，強調科技神話的神祕性、權威性與高價性。

第三、運用價格迷思——利用女性對表面數字的重視，以減價、折扣、贈品或分期付款的方式，吸引女性購買。

第四、提供假資訊——利用女性對先進國家的嚮往，提供不確實的外國資訊，包括圖片、外交說明書或推薦函等。

第五、製造感性氣氛——利用裝飾、燈光、音響、人潮、製造感性氣氛，使女性消費者喪失理性的判斷能力。

第六、採取勸誘攻勢——利用女性愛說、愛看、愛聽、愛動手的心態，採取不厭其煩的勸誘攻勢，甚至以示範、試穿、試食的方式，半強迫推銷。

做為一個現代女性，必須充分了解自己的弱點，努力充實科學性的知識，掌握商品市場的資訊，培養理性的消費態度，不要再做一個感性的消費者。

如果您對自己的消費行為沒有信心，不妨在購物之時，邀請一位較有理性的朋友一同前往，好讓自己多一層思考的空間。

拾肆、光看不買

前幾年，在台北市東區地帶，接連開張了幾家大型百貨公司，吸引了無數人潮，不僅造成了附近交通的擁擠，也降低了百貨公司的服務品質。

由於郊外的自然景觀缺乏妥善規劃，而市區的休閒設施也顯然不足，百貨公司自然就成為市民休閒活動的好去處。每逢假日，台北市民無不扶老攜幼、成群結隊地前往百貨公司「觀望」。

國人愛看熱鬧的「野馬精神」似乎特別強烈，除了百貨公司和趕集夜市之外，舉凡政治集會或火災現場，也都成為市民「嚮往」的地方。他們既非為了購物目的，也不是為了關心政治或協助救火，而是純粹去「看人」。

百貨公司的「遊客」實在太多，多得使服務人員疲於應付，進而懶於服務。於是，真正的「顧客」就常有「乘興而去，敗興而返」的感覺。

先進國家的消費者常是為了購物的需求而利用百貨公司；百貨公司也為了增進顧客的購物樂趣而提供親切的服務。在外國的百貨公司裡，我們可以看到，顧客都忙於選購商品；服務人員則忙於介紹商品、解答問題或提供其他必要的服務。因此，利用百貨公司不僅可以購得中意的商品，也可以獲得商品的資訊，更可享受親切和方便的服務。

　　我們已經屬於高知識和高所得的國民，我們已經擁有世界水準的百貨公司，可是，為什麼我們的遊客心態和野馬精神還是如此根深柢固？為什麼百貨公司的服務品質還是如此低俗？

　　我們希望，百貨公司能夠加強顧客的精神服務。但是，最重要的還是，我們的市民必須做一個購物的顧客，不要做一個閒逛的遊客。

拾伍、漢堡與書

　　物質與精神是人類的基本需求，兩者必須並重，才能維持一個均衡的生活。

　　食品是人類最重要的物質糧食；書是人類不可或缺的精神糧食。如果只重視食品而忽略書，就與一般動物無異了。

　　由於文化商品的生產需要高度的技術和長期的過程，其成本和售價當然要高於食品。在歐美先進國家，一本書的價錢通常可以購買好幾個漢堡，有時，人們還會節省一點漢堡的錢，去購買書籍雜誌。

　　在國內，情形卻完全相反，一個漢堡的價錢幾乎與一本書相同，而人們卻喜歡花錢買漢堡，也不願以同等的支出去買一本書。

　　或許有人要說，我們的漢堡是進口的呀，加上各種進口成本，售價當然貴。問題是，既然我們吃得起昂貴的進口食品，為什麼會買不起廉價的國產書籍呢？

　　根據行政院主計處的統計，七十八年度，國人平均每戶的書報雜誌及文具支出為四二五五元，只佔平均每戶消費支出的百分

之一•二六。同年度，每戶平均人數爲四•二五人，每人平均一年只花費一○○一元，每月只花八三元購買書報雜誌及文具。可見，國人每月的買書錢，仍不足以買一個漢堡。

在一個平均國民所得高達七千美元的社會裡，人們對於文化商品的需求，竟然如此貧乏，我們的確處於一種物質與精神失調的狀態。

當我們嚥下一口口的漢堡時，請別忘了問問自己，是否患上了「文化貧血症」？

拾陸、家庭庫存

除了青菜、水果、魚肉等新鮮食品之外，一個家庭應該準備何種程度的油鹽、醬醋、洗衣粉、衛生紙等日用品才算安心呢？這是個人的習慣問題。有些人經常要準備充分的家庭庫存；有些人則非到沒有東西用絕不添購。

凡是經歷過惡性物價膨脹與搶購風潮的人們，一定會肯定家庭庫存的功能。在農業社會裡，屯積糧食是一般家庭的普遍做法。現代家庭已無屯積糧食的空間，但是，仍有儲存日用品的偏好。

家庭庫存不僅需要昂貴的空間成本，也會破壞家庭設計的美觀。其實，在現代社會的經濟體制下，惡性物價膨脹和缺貨現象是極少發生的，如果發生也速可解決。爲了這種疑慮而付出如此代價，實在不值得。

交通發達和都市化的結果，大大地提高了購物的方便性，因而降低了家庭庫存的重要性。更由於商業形態的改變，逐漸削弱

了「多買多送」的交易習慣,因而降低了多買儲存的利益。因此,對現代人而言,家庭庫存的功能日漸式微了。

當然,對於住在偏遠地區的人們、夫妻都有工作的人們以及老人家庭,適度的家庭庫存是必要的。基本上,新鮮食品的庫存不要超過一週;日用品的庫存不要超過一個月。過量的家庭庫存不但沒有好處,反是一種浪費。

總之,沒有物價膨脹,就沒有家庭庫存的意義。喜歡屯積日用品的消費者應該細思才好。

拾柒、家庭主婦症候群

家庭主婦每天洗衣、買菜、做飯、洗碗、打掃的結果,既得不到金錢的報償,也難獲家人的讚美,久而久之,對做家事就產生厭煩,甚至恐懼的心理,而患上了「家庭主婦症候群」。

購物的苦惱是造成這種症候的原因之一。對有錢人而言,購物或許是快樂的事,但是,對一般主婦而言,預算的限制常使他們成為「痛苦的購物者」。

越來越多的家庭居住在偏遠的郊外,購物的不方便添增了主婦們的苦惱。往返時間的費時不在話下,而物品的搬運更費力氣,如果攜帶小孩購物,則苦惱更多。

雖然國內的購物中心已經普及,可是仍有不少家庭主婦偏好傳統市場,甘願忍受髒亂嘈雜的虐待。此外,購物者還得拚命殺價以避免吃虧;還要精挑細選以免上當。上市場儼如上戰場,主婦們是完全疏忽不得的呀。

　　最困擾家庭主婦的可能就是購物後的處理問題。例如，將菜市場買回來的食品做成營養、美味又富變化的餐飲，不僅費時、費力又費心思。

　　家庭主婦的苦衷豈是外出賺錢的先生們所能了解？如果讓自己的先生定期從事家事服務，不僅有益夫婦的溝通，更能避免「家庭主婦症候群」的發生。當然，最重要的還是主婦們必須以理性的消費法則，處理購物問題，不僅要買得有利，更要買得愉快。

拾捌、精神生活

　　人類在獲得物質生活的改善之後，必會追求充實的精神生活，物質與精神並重乃是現代生活的必要條件。雖然生活中的精神層面頗難界定，但是，至少有四個層面是人類必須追求的。

　　第一、就是愛——愛是對真實事物的執著，也就是要以求真的態度去了解、關心和幫助周圍的人、事和物。對人有愛，就會有和諧的人際關係；對事有愛，就會提高工作效率；對物有愛，就會善用資源。愛是精神生活的原點，沒有愛，生活就會索然無味。

　　第二、就是信仰——信仰不是宗教的迷信，也不是政治的迷思，而是對生命的敬仰與對人格的尊重。生命是成長與希望的根源，人格是真誠與正義的化身。敬仰生命和尊重人格不僅是點燃希望與喜悅的火苗，也是維護正義與秩序的支柱。

　　第三、就是藝術——藝術是對美的事物的追求，而美是一種介於自然與人為之間的神祕創造力，也就是要以人類的創造力，

揭開自然的神祕性。追求藝術就在創造美好的環境與美感的生活，讓生活中充滿美的存在與美的氣息。

第四、就是貢獻──貢獻是對家庭、企業和社會所提供的助力。一個人若能在家庭中、工作上和社會裡盡全力發揮自己的才能，必能獲得家人、同事與他人的肯定，而獲得社會貢獻與自我實現的雙重滿足。社會貢獻不僅是衡量個人價值的重要指標，也是評估生活意義的重要依據。

如果個人只顧追求物質生活，必將帶來痛苦；如果人類只顧追求物質文明，終將趨於毀滅。唯有重視精神生活，認眞地追求愛、信仰、藝術與貢獻，才是實現幸福人生和繁榮社會的必要途徑。

拾玖、休閒與文化

休閒是人們爲了獲得身心的休息與創造力的培養而從事的活動。休閒活動的類別很多，有消遣性活動，娛樂性活動、學習性活動、創造性活動以及服務性活動等。屬於學習性的休閒活動有讀書、書法、插花、照相、學習外文或樂器演奏等；屬於創造性的休閒活動有寫作、作曲、手工藝、製陶瓷、繪畫等。學習性和創造性的休閒活動能幫助我們發掘才能、培養興趣和創造文化。因此，希臘語的休閒與學習同義，就是要人們從休閒生活中學習和創造。

文化是社會共同的思想模式與生活規範。隨著社會的變遷，文化形態不斷地在改變。在日常生活中，我們無時無刻都在創造

文化。有人把文化解釋成嚴肅的、專業的藝術創作，其實，這些創作只是從日常生活中，建立起來的文化結晶而已。因此，創造文化並非文化界人士的專利，而是每一個人的責任。

文化與休閒是一物的兩面。文化活動是很重要的休閒生活，而休閒活動則是文化生活的具體表現。如果我們能夠把文化活動列入休閒生活，並從休閒生活中創造文化，那麼，文化的提昇就更容易；如果我們能夠把休閒活動視爲文化創造，並從文化創造中充實休閒生活，那麼，休閒生活就更有價值。

有許多文化設施具有促進休閒生活的功能，也有不少休閒設施具有提昇文化層次的作用。如果我們能夠把文化設施視爲休閒設施，社會資源就能更有效地運用；如果我們能夠把休閒設施當做文化設施，休閒設施就更能受到保護。

有人把休閒解釋成恣意的、自由的自我解放。於是，當他們從事休閒活動時，常忽略文化的創造；當他們使用休閒設施時，常漠視文化的學習。有人把登山郊遊視爲休閒，於是，毫無顧忌地破壞自然，而不保護和提昇休閒生活的素質。有人把出國旅行當成休閒，於是，一旦踏出國門，就盡情享樂，瘋狂購物，而不去觀察和學習異國文化的本質。

我們必須把文化和休閒結合爲一體，讓我們在文化創造中，提昇休閒生活的素質，也讓我們從休閒生活中，創造更高層次的文化水準。

貳拾、著作權保護

　　著作權是作者以鉅額投資和長期努力所獲得的結晶。這種辛苦得來的財產，不僅本國人不能盜取，外國人也無權侵犯。長久以來，國人總是未經原作者或版權所有人的許可，就任意翻印或翻譯外國人的著作，不僅不受法律的制裁，反而獲得社會大眾的默認和嘉許。去年，美國首先發難，要求我國保護美國人的著作權。政府基於中、美的利害關係，終於修正通過著作權法。但是，仍有不少社會人士強烈反對，他們所持的理由是：書商付不起高額的版稅，消費者買不起高價的外文書籍，其結果將會阻礙學術和科技的發展。

　　在一個文明社會裡，絕不容許人們以貧窮為藉口，偷竊別人的東西。再者，難道我們真是一個貧窮的國家嗎？我們的國民生產毛額已超過一千億美元，平均每人國民所得已高達七千美元，外匯存底已達七四〇億美元，每年有將近二百萬的國人出國旅遊，商店裡擺滿了昂貴的奢侈品，街道上到處是高消費的餐廳、理髮院、酒廊以及休閒中心。這些事實都證明我國已其有經濟大國的雛形，實在不允許我們小看自己，也沒有理由讓我們侵犯外國人的著作權。

　　更進者，竟然有人主張：我們可以不盜印，但是，不能不盜譯。這種論調就好像大東西偷不著，就偷小東西一樣。要知道，翻譯權也必須獲得原作者的同意和版權所有人的授權之後，方能取得。沒有合法的翻譯權而從事翻譯，就是盜譯。目前，翻譯權雖然尚未成為著作權談判的主題，但是，就長期趨勢而言，必將成為外國人要求的現象。我們遲早都要面對，而且遲早都要屈服。

　　如果我們仍以能拖就拖的心態去面對這個問題，中國人在國際社會中的形象將被醜化，而我國商品在國際市場上的行銷將遭受更大的阻力。少數人的短期利益可能造成多數人的長期損失。因此，希望決策階層正視保護外國人著作權的重要性，尊重「萬國版權公約」的精神與規定，儘速端正盜印、盜譯的歪風。

　　保護外國人著作權的結果，雖然會提高外交書籍的價格，但是，也會帶來下列幾種好處：

　　一、培養國人尊重著作權，維護社會正義的尊嚴。

　　二、建立「知識是高價」的觀念，激發國人追求知識的熱忱。

　　三、相對提高中文書籍的價格，有利於提昇國人的著作水準。

　　四、使國人更能珍惜外文書籍，更能充分運用外國的知識和技術。

　　五、翻譯書籍的需求必會增加，有助於翻譯水準的提昇。

　　六、促進國人對本國社會的研究，發展屬於中國人自己的理論模型。

　　有朝一日，我們亦將步入先進國家之林。屆時，我們是否能夠包容其他國家侵犯國人的著作權呢？在邁向國際化之際，讓我們再度深思，「己所不欲，勿施於人」這句話的意義。

參考文獻

Ⅰ、英文部份

1. Bradley, Michael, *Microeconomics*, Scott, Foresman and Co., Glenview, 1985.

2. Deacon, E. and Bradshaw, J., *For the Poor*, Braisil Blackwell and Martin Robertson, 1983.

3. Drewnowski, J., *On Measuring and Planning the Quality of Life*, Uitegeverij Mount & Co., B. V. 1982.

4. Ehrenberg, Ronald, G., *Modern Labor Economics*, Scott, Foresman and Co., 1985.

5. Fuchs, Victor, R., *The Service Economy*, National Bureau of Economic Research, 1968.

6. Galbraith, John, K., *The Affluent Society*, Houghton Mifflin, Boston, 1958.

7. Garfinkel, E., *Income-Tested Transfer Program*, Academic Press, 1979.

8. Hyman, David, N., *Economics,* Richard D. Irwin, Inc., Boston, 1990.

9. Kuznets, Simon, *Modern Economic Growth:Rate, Structure and Spread*, Yale University Press, 1966.

10. Lipsey, Richard, G. etc., *Economics*, Harper & Row, Pub-

lishers, New York, 1987.

11. McConnell, Campbell, R., *Economics*, McGraw-Hill International Editions, 1987.

12. Mitchell, David, J. B., *Human Resource Management*, PWS-KENT Publishing Co., Boston, 1989.

13. Samuelson, Paul, A., etc., *Economics*, McGraw-Hill International Editions, 1989.

14. Sen, A. K., *On Economic Inequality*, Oxford University Press, 1973.

15. Townsend, P., *Poverty in the United Kingdom*, University of California, 1979.

II、日文部份

1. 中村吉治著,《家の歷史》,農山村文化協會,人間選書第 18 集,1978。

2. 松島千代野編,《家政學原論集成》,學文社,1980。

3. 江見康一,伊藤秋子編,《家庭經濟學》,有斐閣,1988。

4. 多田吉三著,《生活經濟學》,晃洋書店,1989。

5. 小澤雅子著,《新階層消費の時代》,日本經濟新聞社,1986。

6. 井原哲夫著,《生活樣式の經濟學》,日本經濟新聞社,1981。

7. 吉原龍介著,《暮しの中の經濟分析》,學文社,1984。

8. 小池和男,脇坂明譯,《不平等さ產み出すもの》,同文館,

1984。

9.犬田允著，《大眾消費社會の終焉》，中央公論社，1977。

10.高山憲元著，《不平等の經濟分析》，東洋經濟新報社，1980。

11.吉田正昭編，《消費者行動の理論》，丸善書店，1974。

12.奧村忠雄著，《家計調查の方法》，光生館，1981。

13.桶口美雄著，《家計の勞働供給と消費構造》，三田商學研究
　　21卷5號，1978。

14.安永武己著，《消費經濟學》，至誠堂，1960。

15.辻本江太郎著，《消費構造と物價》，勁草書房，1968。

16.大川一司著，《生活水準の測定》，一橋大學經濟研究叢書1，
　　岩波書店，1963。

17.降谷憲一著，《社會指標の話》，日本經濟新聞社，1977。

18.厚生省社會局保護課編，《生活保護の動向》，生活保護研究
　　會，1980。

19.村上雅子著，《社會保障の經濟法》，東洋經濟新報社，1984。

20.三和銀行調查部編，《消費者信用の知識》，日本經濟新聞社，
　　1969。

中英對照索引

❸

❹

英中對照索引

國立中央圖書館出版品預行編目資料

生活經濟學／蔡宏昭著. --初版. --臺北市：遠流，
民80
面；　公分. --(大專用書. 經濟類；1)
參考書目：面
含索引
ISBN　957-32-1090-8(平裝)

1.經濟類　2.家庭經濟
550　　　　　　　　　　　　　　　80000246